Kohlhammer

Die Autor*innen

Dennis Epping, staatlich anerkannter Erzieher, staatlich anerkannter Sozialpädagoge, Pädagoge der frühen Kindheit (B. A.), Kindheits- und Sozialwissenschaftler mit Schwerpunkt Kinderschutz und Diagnostik (M. A.), Doktorand an der Universität Oldenburg, Lehrbeauftragter der Universität Graz (Kinderrechte und Kinderschutz). Zurzeit ist er als wissenschaftlicher Mitarbeiter im PEP gGmbH – Internationales Zentrum für Professionalisierung der Elementarpädagogik beschäftigt. Dort begleitet er u. a. die österreichische Bundesinitiative Elementarplus. Im Jahr 2023 wurde er in den Expert*innenbeirat der Stadt Wien (Schwerpunkt: Institutionelles Kinderschutzkonzept) berufen. Seit 2021 kooperiert er mit dem Land Kärnten zu Themen des Kinderschutzes in elementarpädagogischen Institutionen. Er arbeitete über 15 Jahre in KiTas, zuletzt als Verbundleitung. Seit vielen Jahren ist er als Referent in der Erwachsenenbildung tätig.

Prof. Martin Menzel, Diplom-Sozialpädagoge (FH); Master of Arts (Sozialmanagement). Er arbeitet nach beruflichen Stationen in der Heimerziehung und der ambulanten Kinder- und Jugendhilfe seit 14 Jahren als Verfahrensbeistand (»Kinder- und Jugendanwalt«) in familiengerichtlichen Verfahren, als berufsmäßiger Vormund und als Fortbildner und Forscher zu Kinderschutzthemen. Sein besonderes Interesse gilt dem institutionellen Kinderschutz. Hier berät er Träger der Kinder- und Jugendhilfe bei der Entwicklung institutioneller Schutzkonzepte und überprüft als externe Fachkraft Verdachtsfälle auf institutionelle Kindeswohlgefährdungen. Er ist seit 2016 Lehrbeauftragter und seit 2022 Honorarprofessor und Sprecher des Kompetenzzentrums Kinderschutz an der Fliedner Fachhochschule Düsseldorf.

Sophia Moseler, staatlich anerkannte Erzieherin, Kinderschutzfachkraft und Kindheitspädagogin (B. A.). Nachdem sie fünf Jahre in der KiTa sowohl im Nestgruppenbereich als auch in der Altersgruppe von zwei- bis sechsjährigen Kindern Berufserfahrung gesammelt hat, arbeitet sie seit 2023 als stellvertretende Leitung eines Familienzentrums. Zudem ist sie als Lehrbeauftragte an der Fliedner Fachhochschule tätig.

Dennis Epping
Martin Menzel
Sophia Moseler

Gewaltfreies pädagogisches Handeln in der KiTa

Kinderschutz im Team wirksam umsetzen

Verlag W. Kohlhammer

Dieses Werk einschließlich aller seiner Teile ist urheberrechtlich geschützt. Jede Verwendung außerhalb der engen Grenzen des Urheberrechts ist ohne Zustimmung des Verlags unzulässig und strafbar. Das gilt insbesondere für Vervielfältigungen, Übersetzungen, Mikroverfilmungen und für die Einspeicherung und Verarbeitung in elektronischen Systemen.

Die Wiedergabe von Warenbezeichnungen, Handelsnamen und sonstigen Kennzeichen in diesem Buch berechtigt nicht zu der Annahme, dass diese von jedermann frei benutzt werden dürfen. Vielmehr kann es sich auch dann um eingetragene Warenzeichen oder sonstige geschützte Kennzeichen handeln, wenn sie nicht eigens als solche gekennzeichnet sind.

Es konnten nicht alle Rechtsinhaber von Abbildungen ermittelt werden. Sollte dem Verlag gegenüber der Nachweis der Rechtsinhaberschaft geführt werden, wird das branchenübliche Honorar nachträglich gezahlt.

Dieses Werk enthält Hinweise/Links zu externen Websites Dritter, auf deren Inhalt der Verlag keinen Einfluss hat und die der Haftung der jeweiligen Seitenanbieter oder -betreiber unterliegen. Zum Zeitpunkt der Verlinkung wurden die externen Websites auf mögliche Rechtsverstöße überprüft und dabei keine Rechtsverletzung festgestellt. Ohne konkrete Hinweise auf eine solche Rechtsverletzung ist eine permanente inhaltliche Kontrolle der verlinkten Seiten nicht zumutbar. Sollten jedoch Rechtsverletzungen bekannt werden, werden die betroffenen externen Links soweit möglich unverzüglich entfernt.

1. Auflage 2025

Alle Rechte vorbehalten
© W. Kohlhammer GmbH, Stuttgart
Gesamtherstellung: W. Kohlhammer GmbH, Stuttgart

Print:
ISBN 978-3-17-045337-1

E-Book-Formate:
pdf: ISBN 978-3-17-045338-8
epub: ISBN 978-3-17-045339-5

Inhaltsverzeichnis

Einführung **9**

Teil 1: Theorie

1 Ein Blick auf grenzachtendes und gewaltfreies pädagogisches Handeln **15**
  1.1 Eine fachliche Einordnung von grenzachtendem und gewaltfreiem pädagogischen Handeln 16
  1.2 Der Zusammenhang von grenzachtendem und gewaltfreiem pädagogischen Handeln und der eigenen Biografie 35
  1.3 Die Wechselbeziehung von Grenzen pädagogischer Möglichkeiten und grenzverletzendem Verhalten .. 37

2 Rechtliche Einführung in grenzachtendes und gewaltfreies pädagogisches Handeln in Einrichtungen der Kinder- und Jugendhilfe **44**
  2.1 Internationale (Schutz-)Rechte von Kindern in Institutionen der Kinder- und Jugendhilfe 44
  2.2 Nationale (Schutz-)Rechte von Kindern in Institutionen der Kinder- und Jugendhilfe 46
  2.3 Der pädagogische Auftrag in Institutionen der Kinder- und Jugendhilfe 48

3 Einordung des Themas »grenzachtendes und gewaltfreies pädagogisches Handeln« in berufsethische Maßstäbe der Sozialen Arbeit/Frühpädagogik 52
3.1 Nationale berufsethische Perspektive 53
3.2 Internationale berufsethische Perspektive 56
3.3 Zwischenfazit 58

4 Institutioneller Kinderschutz geht alle an – ein akteursübergreifendes Modell 59

5 Standards zur Verhinderung von grenzverletzendem Verhalten durch Fachkräfte und Implementierung eines Verfahrens zum Umgang mit Verdachtsmomenten institutioneller Kindeswohlgefährdung in einer KiTa 77
5.1 Einführung 77
5.2 Zur Notwendigkeit eines Leitbildes 78
5.3 Zum Umgang mit Verdachtsfällen 81

6 Die KiTa-Leitung: Schlüsselrolle im institutionellen Kinderschutz 91

Teil 2: Methoden

7 Methoden zur Bearbeitung des Themas »grenzachtende und gewaltfreie Erziehung« mit pädagogischen Teams 97
7.1 Methodenblatt: »Ist das schon übergriffig?!« (Teamreflexion) 97
7.2 Methodenblatt: »... und wie fühlt es sich an?« 100
7.3 Methodenblatt »Das wird man wohl noch sagen dürfen« 101
7.4 Methodenblatt: »Solang du deine Beine unter meinem Tisch stellst ...« 104

7.5	Methodenblatt: »Können wir wirklich über alles reden?«	105
7.6	Methodenblatt: »Was ich dir schon immer sagen wollte …«	107
7.7	Methodenblatt: »Die armen Kinder in Afrika«	109
7.8	Methodenblatt: »Sätze, die beflügeln können«	111
7.9	Methodenblatt: »… und andererseits, dann …«	112
7.10	Methodenblatt: »Bei uns doch nicht! … oder vielleicht doch?«	115
7.11	Methodenblatt: »Jede Meinung zählt! Lasst es uns zusammentun«	117
7.12	Methodenblatt: »Das ist eindeutig am wichtigsten!«	119
7.13	Methodenblatt: »Also, ich sehe das so.«	121
7.14	Methodenblatt: »Jetzt reden wir!«	122
7.15	Methodenblatt: »Sollen die denn dann bald alles allein entscheiden?«	124
7.16	Methodenblatt: »Ich sehe was, was du nicht siehst …«	126
7.17	Methodenblatt: »Gemeinsam schaffen wir das …!«	127
7.18	Methodenblatt: »Schatzkiste«	129
7.19	Methodenblatt: »Mein Kompass«	130
7.20	Methodenblatt: »Die Routinefalle und der Umgang mit Macht«	131

8 Methoden zur Entwicklung und Implementierung eines Leitbildes zum gewaltfreien und grenzachtenden pädagogischen Handeln mit Teams als Fundament für den institutionellen Kinderschutz   **133**

8.1	Partizipativer Einstieg als Kick-off in den Arbeitsprozess	134
8.2	Teilprozess 1: Arbeit mit den pädagogischen Fachkräften	136
8.3	Teilprozess 2: Arbeit mit der Leitungsebene	138
8.4	Finalisierung der Ergebnisse aus den Teilprozessen und erneute Einbindung aller (vieler) Mitarbeiter*-innen	140

8.5	Implementierung des Leitbildes in die Teams und Einrichtungen des Trägers	141
8.6	Kommunikation des Leitbildes in die Elternschaft und Öffentlichkeit	142
8.7	Wachhalten des Leitbildes in den Teams und Einrichtungen	144

Anhang

Sammlung der Fallvignetten 147

Literatur- und Quellenverzeichnis 153

Einführung

Seit einigen Jahren sind Themen, die den Schutz von Kindern betreffen, Inhalt eines breiten (fachlichen) Diskurses zwischen Gesellschaft, Politik, Wissenschaft und Praxis. Ziel aller Akteur*innen ist es, sowohl einen vorbeugenden Schutz von Kindern als auch ein konkretes Vorgehen bei Verdachtsmomenten möglicher Kindeswohlgefährdung zu etablieren. Das Wohlergehen eines jeden Kindes sollte dabei im Fokus stehen. Den Institutionen der Kinder- und Jugendhilfe wird seitens des Gesetzgebers eine besondere Rolle im Kinderschutz zugeschrieben. Einerseits sind die Fachkräfte in der Regel professionelle Erstmelder*innen. Andererseits sind sie in der Verantwortung, die Beziehungen zu den Kindern zu gestalten und den pädagogischen Ablauf an den Bedürfnissen und Interessen eines jeden Kindes auszurichten, so dass das Wohl des Kindes zu jeder Zeit gewahrt wird.

Dennoch kommt es im pädagogischen Alltag vor, dass Kinder psychische/emotionale, körperliche und sexualisierte Gewalt durch Fachkräfte erfahren müssen. Welche Haltung brauchen pädagogische Fachkräfte, um grenzachtend tätig zu sein? Wie kann ein grenzachtendes Handeln im KiTa-Alltag gelingen? Was braucht es, damit ein Team einen gemeinsamen Konsens finden kann? Wer trägt Verantwortung für das Gelingen institutionellen Kinderschutzes? Wie können sowohl Kinder vor Übergriffen als auch pädagogische Fachkräfte vor Unterstellungen oder Verdachtsmomenten geschützt werden?

Ziel dieses Buches ist es, dazu anzuregen, sich als einzelne Fachkraft, als (Gesamt-)Team und/oder als Trägerschaft auf den Weg zu machen, sich mit grenzachtendem Handeln in der KiTa auseinanderzusetzen und den Kinderschutz im pädagogischen Alltag zu implementieren. Kinderschutz braucht Wissen, Mut und Mitgefühl. Durch die Auseinandersetzung mit den Inhalten und Methoden kann ein erster Schritt gegangen werden.

Im ersten Kapitel wird ein Blick auf grenzachtendes und gewaltfreies Handeln im pädagogischen Alltag gelegt (▶ Kap. 1). Zunächst wird der Begriff fachlich eingeordnet, bevor der Zusammenhang zwischen der eigenen Biografie und dem professionellen Handeln gezogen wird. Das erste Kapitel schließt mit der Darstellung der Wechselbeziehungen von pädagogischen Möglichkeiten und grenzverletzendem Verhalten seitens der Fachkräfte ab. Dies soll vor allem auch durch den Transfer auf die eigene Tätigkeit gelingen, da beispielhafte Fallvignetten aus dem pädagogischen Alltag in den Text eingewoben sind.

Neben einem fachlich fundierten Wissen über die kindlichen (Grund-)Bedürfnisse bedarf es ebenfalls Kenntnisse über rechtliche Rahmenbedingungen, die den Schutz von Kindern sichern. Daher werden im zweiten Kapitel sowohl nationale als auch internationale (Schutz-)Rechte der Kinder und der pädagogische Auftrag von KiTas beschreibend vorgestellt (▶ Kap. 2).

Ein weiterer Schwerpunkt des Theorieteils widmet sich dem nationalen und internationalen Berufsethos der Sozialen Arbeit (▶ Kap. 3). Aus den gesetzlichen Normen leitet sich der Auftrag zum institutionellen Kinderschutz ab. Die Berufsethik der Sozialen Arbeit beschreibt vertiefend das fachliche Selbstverständnis, nach dem im täglichen Miteinander in der KiTa gearbeitet werden sollte.

Die Kapitel vier und fünf kombinieren Theorie und Praxis, in dem auf theoretischen Grundlagen und aktueller Forschung beschrieben wird, wie institutioneller Kinderschutz erarbeitet und implementiert werden kann (▶ Kap. 4, ▶ Kap. 5).[1] Da KiTa-Leitungen eine Schlüsselrolle im institutionellen Kinderschutz zuteilwird, wird ihnen im sechsten Kapitel besondere Beachtung geschenkt (▶ Kap. 6). In den meisten Fällen ist die Einrichtungsleitung die Person, die interne Prozesse koordiniert, (kollegiale) Beratungen anstößt, sich um einzelne Fachkräfte im häufig emotional

---

1 Ein herzliches Dankeschön gilt dem Träger und dem Team der Städtischen KiTa am Bach Hamminkeln-Dingden sowie dem Träger und dem Team der Katholischen Kirchengemeinde Sankt Nikolaus Wesel für die Zusammenarbeit sowie die Bereitstellung von Good-Practice-Beispielen.

herausfordernden Mitteilungsprozess kümmert und den Gesamtüberblick behält. Zudem ist die Leitung Bindeglied zwischen den verschiedenen Akteursgruppen im Kinderschutz.

Der zweite Teil des Buches bietet eine Vielzahl an Methoden, die Referent*innen, Trägervertretungen, Leitungen, pädagogische Fachberatungen, Fachaufsichten, pädagogische Fachkräfte u.v.m. nutzen können, um die Haltung sowie Inhalte zur Erarbeitung von grenzachtendem, gewaltfreiem Handeln mit Teams zu nutzen. Abschließend wird exemplarisch ein Prozess einer Leitbildentwicklung zum grenzachtenden und gewaltfreien pädagogischen Handeln im KiTa-Alltag dargestellt (▶ Teil 2).

Wir wünschen Ihnen beim Lesen des Buches viel Freude, erhellende Momente, fortführende Erkenntnisse und bei der Anwendung verschiedener Methoden gutes Gelingen. Mit dem Kauf des Buchs zeigen Sie Interesse für die Wahrung des Kindeswohl und übernehmen Verantwortung, denn der Schutz von Kindern sowohl in familiären, häuslichen als auch in institutionellen Settings geht uns alle an.

Dennis Epping, Martin Menzel & Sophia Moseler

Teil 1: Theorie

1 Ein Blick auf grenzachtendes und gewaltfreies pädagogisches Handeln

Im Bürgerlichen Gesetzbuch (BGB) heißt es in § 1631 Abs. 2: »Kinder haben ein Recht auf gewaltfreie Erziehung. Körperliche Bestrafung, seelische Verletzungen und andere entwürdigende Erziehungsmaßnahmen sind unzulässig.« Durch die rechtlichen Regelungen (▶ Kap. 3) ist ein klares Leitbild zur gewaltfreien Erziehung postuliert worden. Die rechtliche Entwicklung spiegelt die gesellschaftliche Entwicklung und Haltung bezüglich Gewalt als Erziehungsmittel wider. Somit sind jegliche Formen der Gewalt als Mittel der Erziehung, sowohl im privaten als auch im institutionellen Umfeld, nicht zu rechtfertigen (Deutscher Kinderschutzbund 2022).

Doch was bedeutet gewaltfreie Erziehung? Wie ist grenzachtendes Handeln zu definieren?

KiTas sollten ein Ort für Kinder sein, an dem sie sich sicher, geborgen und in ihrer Individualität geschätzt und angenommen fühlen. Ihre Bedürfnisse und persönlichen Grenzen sollten respektiert, geachtet und geschätzt werden. Ebenso sollte die KiTa ein Ort sein, an dem Kinder lernen, ihre Grenzen zu artikulieren und bewusst zu setzen. Gewaltfreie Erziehung sollte selbstverständlich sein. Wissenschaftlich belegt ist, dass Kinder dann ein Selbstwertgefühl und Wohlbefinden entwickeln, wenn sie Geborgenheit durch vertraute Bezugspersonen erhalten. Diese Geborgenheit entsteht durch eine kontinuierliche Betreuung von Bezugspersonen, die die körperlichen und psychischen Grundbedürfnisse von Kindern erfüllen und angemessen und vorhersebar auf das Kind reagieren (Boll & Remsperger-Kehm 2021a).

Für einen gelingenden Bildungs- und Entwicklungsverlauf von Kindern ist der Aufbau einer emotional tragfähigen und Sicherheit vermittelnden Beziehung in KiTas die Basis (ebd.). Dennoch zeigen aktuelle Studien, dass grenzverletzendes und gewaltsames Handeln in KiTas vorhanden ist (u. a. Boll & Remsperger-Kehm 2021, Hildebrandt et. al. 2021, Maywald 2021, Prengel 2019).

Um grenzachtendes und gewaltfreies pädagogisches Handeln im Rahmen von institutionellem Kinderschutz in KiTas zu etablieren und das Thema in den Fokus zu rücken, ist zunächst eine fachliche Einordnung der Begrifflichkeiten notwendig. Diese stellt die gemeinsame Gesprächs- und Verständnisebene dar.

Zudem sind die Grundbedürfnisse von Kindern als Basiswissen zu verstehen: Unter Grundbedürfnissen werden alle Bedürfnisse verstanden, die für einen Menschen angemessen erfüllt sein müssen, damit eine gesunde Entwicklung möglich ist. Hierzu zählen sowohl physiologische als auch psychische Bedürfnisse. Um die körperliche Gesundheit zu gewährleisten, bedarf es einer ausreichenden Pflege und Ernährung. Schutz, Nähe, Geborgenheit und vertraute Personen sind die Grundlage für psychische Gesundheit (Largo 2014).

1.1 Eine fachliche Einordnung von grenzachtendem und gewaltfreiem pädagogischen Handeln

Um Grenzen von Kindern zu achten, gewaltfreies Handeln als selbstverständlich sowie als Basis des pädagogischen Handelns zu etablieren, ist es von besonderer Bedeutung, sich selbst zu reflektieren und mit den eigenen pädagogischen Selbstverständlichkeiten auseinanderzusetzen. Wenn Sie ins Gespräch mit Kolleg*innen gehen werden, könnten Aussagen getroffen werden, wie beispielsweise: »Ich muss mich mit diesem Thema nicht auseinandersetzen, mir passiert so etwas nicht« oder »Das verunsichert mich alles sehr, so kann man sich ja nur noch falsch verhalten!«. Die folgenden Inhalte sollen Ihnen helfen, Ihr eigenes Handeln und vor allem die Haltung zum Kind in Ihrer pädagogischen Arbeit zu reflektieren und differenziert betrachten zu können.

- Wieso muss ein Kind Essen probieren?
- Wer gibt Ihnen das Recht zu bestimmen, wann ein Kind auf Toilette muss und wann nicht?
- In welchem Verhältnis stehen Verantwortung, Macht und Gewalt?

Auf diese Fragen wird im Verlauf des Kapitels eingegangen. Zunächst werden wir uns dem Begriff des grenzachtenden und gewaltfreien Handelns nähern. Dies soll Sie dazu befähigen, sich selbst zu reflektieren, aber auch Sicherheit gegenüber Kolleg*innen zu entwickeln, um eine fachlich fundierte Diskussion führen zu können.

Grundsätzlich ist festzuhalten, dass der Missbrauch von Kindern als Schutzbefohlene diverse Erscheinungsformen haben kann. Hierzu zählen Zwang, alle Formen körperlicher Gewalt, unangemessene Sprache, seelische Grausamkeiten, Stigmatisierung und sexualisierte Gewalt (Enders, Kossatz & Kekel 2010).

Begriffsdefinition: Gewalt

Die Bewertung von Gewalt wird in Abhängigkeit der kulturellen und gesellschaftlichen Entwicklung getroffen wie auch dem geltenden Recht. Dies wird daran deutlich, dass erst im November 2000 der nun geltende § 1631 Abs. 2 BGB (Recht auf gewaltfreie Erziehung) – zuvor noch als »Züchtigungsparagraf« bezeichnet –, novelliert worden ist. In Deutschland wird durch die Gesetzeslage nun klar definiert, welche Rechte Kinder haben. Hieraus ergibt sich das für alle KiTas gültige Leitbild, dem die Fachkräfte nachkommen müssen: eine gewaltfreie Erziehung (Deutscher Kinderschutzbund Landesverband NRW e. V. 2022).

»Allgemein wird unter Gewalt der Einsatz von psychischem oder physischem Zwang gegenüber Menschen verstanden, wie auch die physische Einwirkung auf Sachen oder Tiere. Aus soziologischem Blickwinkel bedeutet Gewalt die Anwendung physischer oder psychischer Mittel, mit dem Ziel einen anderen Menschen gegen seinen Willen a) zu schädigen b) ihn seinen Willen zu oktroyieren oder c) ausgeübter Gewalt mit Gegengewalt zu begegnen« (Schubert & Klein 2020).

Die Weltgesundheitsorganisation (kurz: WHO) beschreibt den Begriff »Gewalt« als einen sehr undurchsichtigen und komplexen Terminus, zu dem bisher noch keine exakte wissenschaftliche Definition vorliegt. Die Definition von Gewalt stellt eine große Herausforderung dar, da das, was wir als Gewalt empfinden, von kulturellen und sozialen Einflüssen sowie gesellschaftlichen Normen und persönlichen Werten abhängig ist. Die WHO hat den Begriff der Gewalt in vier Kategorien unterteilt:

- körperliche Gewalt,
- psychische Gewalt,
- sexualisierte Gewalt,
- Vernachlässigung.

Die Intention der ausübenden Person stellt das wichtigste Merkmal dar (Boll & Remsperger-Kehm 2021b):
»Der absichtliche Gebrauch von angedrohtem oder tatsächlichem körperlichem Zwang oder physischer Macht gegen die eigene oder eine andere Person, gegen eine Gruppe oder Gemeinschaft, der entweder konkret oder mit hoher Wahrscheinlichkeit zu Verletzungen, Tod, psychischen Schäden, Fehlentwicklung oder Deprivation führt.« (Dimitrova-Stull 2014, S. 9, aus WHO 2002, S. 5)

Um von Gewalt sprechen zu können, muss demnach die Macht- und Zwangsausübungsabsicht belegt werden können. Hieraus ergibt sich ein Interpretationsspielraum, da es sich bei dem Gewaltbegriff um ein »bewertendes Phänomen« handelt (Boll & Remsperger-Kehm 2021a, S. 29).

»Im institutionellen Kontext der Kindertagesbetreuung kann Gewalt in den genannten vielfältigen Formen vorkommen. Die Arbeiten der letzten zehn Jahre thematisieren hierzu ›unbeabsichtigte Grenzverletzungen,

1 Ein Blick auf grenzachtendes und gewaltfreies pädagogisches Handeln

Übergriffe und strafrechtlich relevante Formen der Gewalt‹ (Enders et al. 2010, 1 f.) ›körperliche und seelische Gewalt und entwürdigende Maßnahmen‹ (Hundt 2016, 24 f.) ›subtile Formen von Gewalt, seelische Verletzungen und gewaltvolles Handeln‹ (Schulz & Frisch 2015, 6 f.), leicht und sehr verletzendes Verhalten (Prengel 2019, 103) sowie destruktives pädagogisches Handeln« (Boll & Remperger-Kehm 2021a, S. 29).

Was ist grenzverletzendes, übergriffiges oder strafrechtlich relevantes Verhalten?

Alle Verhaltensweisen gegenüber Kindern, Jugendlichen und jungen Erwachsenen, bei denen die persönliche Grenze im Kontext eines Versorgungs-, Ausbildungs- oder Betreuungsverhältnisses überschritten wird, sind Grenzverletzungen. Im pädagogischen Kontext eignet sich hinsichtlich eines fachlich fundierten Umgangs mit grenzverletzendem Verhalten eine Differenzierung zwischen Grenzverletzungen, die unabsichtlich verübt werden, Übergriffen und strafrechtlich relevanten Formen der Gewalt (Enders, Kossatz & Kekel 2010).

Unter Grenzverletzungen, die unabsichtlich verübt werden, werden jene verstanden, die aus persönlicher bzw. fachlicher Unzugänglichkeit und/oder einer »Kultur der Grenzverletzungen« entstehen. Grenzverletzungen geschehen in der Regel einmalig oder gelegentlich und sind ein unangemessenes Verhalten von Fachkräften gegenüber Kindern. Hierbei wird die persönliche Grenze des Kindes überschritten. Neben objektiven Kriterien wird die Unangemessenheit des Verhaltens der Fachkraft gegenüber dem Kind auch immer vom subjektiven Erleben des betroffenen Kindes bestimmt (ebd.).

Grenzverletzungen können auch bei Kindern untereinander vorfallen. Es gilt grundsätzlich zwischen unbeabsichtigten und beabsichtigten bzw. hingenommenen Grenzverletzungen zu differenzieren. Wie erwähnt, können Grenzverletzungen auf Grund von unklarer oder fehlender Einrichtungsstruktur, Stresssituationen, fehlendem Fachwissen, oder persönlichen Unzulänglichkeiten wie beispielsweise Unachtsamkeit, fehlender Sensibilität, unzureichender Reflexionsfähigkeit, mangelnder Kritikfähigkeit oder missender Übernahme von Verantwortung für das eigene pädagogische Handeln o. ä. begünstigt werden (Landschaftsverband Rheinland 2019).

Zwischen Grenzverletzungen und Übergriffen ist zu unterscheiden: Bei Übergriffen handelt es sich um Situationen und Momente, die einen mangelnden Respekt gegenüber den Kindern zum Ausdruck bringen, auf Grund basalen fachlichen Mängeln geschehen und/oder Ausdruck einer gezielten Desensibilisierung innerhalb der Vorbereitung eines Machtmissbrauchs jeglicher Form sind. Unter strafrechtlich relevanten Formen der Gewalt wird die körperliche Gewalt, Erpressung oder sexualisierte Gewalt verstanden (Enders, Kossatz & Kekel 2010).

Gemäß § 47 SGB VIII sind dem Landesjugendamt unter anderem unverzüglich Meldungen über »Ereignisse oder Entwicklungen, die geeignet sind, das Wohl der Kinder und Jugendlichen zu beeinträchtigen«, seitens des Trägers zu erstatten. Die Ereignisse und Entwicklungen sind vielzählig und unterschiedlich:

- Straftaten und Strafverfolgung,
- Fehlverhalten von Mitarbeiter*innen,
- massive Beschwerden,
- schwere Unfälle,
- betriebsgefährdende und katastrophenähnliche Ereignisse,
- personelle und strukturelle Rahmenbedingungen
- grenzverletzendes/übergriffiges Verhalten unter Kindern.

Der Landschaftsverband Rheinland (LVR) betont die große Verantwortung seitens der Träger bezüglich KiTas und der Sicherstellung des Kindeswohls in diesem Kontext. Ein professioneller Umgang sowie etablierte Meldeketten zum sofortigen professionellen Umgang mit Vorfällen dieser Art muss in jeder KiTa verankert sein. Die Meldeverfahren müssen sowohl der Leitung als auch den Mitarbeiter*innen der Tageseinrichtung bekannt sein (LVR 2020).

Es gilt hervorzuheben, dass es sich bei den Ereignissen und Entwicklungen um außergewöhnliche Situationen handelt, die akut und/oder über einen längeren Zeitraum andauern, so dass das Wohl des Kindes beeinträchtigt oder der Betrieb der Einrichtung gefährdet wird. Im Folgenden werden eine Reihe von meldepflichtigen Ereignissen und Entwicklungen aus dem Bereich »Fehlverhalten von Mitarbeiterinnen und Mitarbeitern (oder anderen Personen)« vorgestellt (ebd.). Diese dienen der Abgrenzung vom grenzachtenden und gewaltfreien Handeln als pädagogische Fachkraft, zeigen aber auch eine Reihe von geeigneten Beispielen, die das Kindeswohl gefährden könnten. Der LVR zählt zu den meldepflichtigen Ereignissen im Bereich Fehlverhalten der Mitarbeiter*innen unangemessenes Erziehungsverhalten. Hierunter werden folgende Beispiele angeführt:

- Fixieren von Kindern,
- Isolieren,
- Separieren und/oder Einsperren von Kindern,
- Zwangsmaßnahmen beispielsweise beim Schlafen oder Essen,
- Verbale und psychische Übergriffe wie ein grober Umgangston, Bloßstellen oder Herabwürdigen,
- Androhen und die Umsetzung unangemessener Straf- und Erziehungsmaßnahmen,
- Verletzung der Rechte von Kindern (ebd.).

Das Landesjugendamt Rheinland gibt somit eine klare Richtlinie zu Ereignissen bzw. Handlungen von pädagogischer Seite, die geeignet sind, das Kindeswohl zu beeinträchtigen. Ein gewaltfreies und grenzachtendes Grundverständnis der Mitarbeiter*innen trägt dazu bei, solchen Situationen präventiv zu begegnen und diese zu verhindern.

Des Weiteren zählen zu den meldepflichtigen Ereignissen und Entwicklungen:

- Aufsichtspflichtverletzungen,
- Übergriffe/Gewalttätigkeiten, wie beispielsweise Kneifen, Treten, Zerren, Schlagen o. ä.,
- sexualisierte Übergriffe/sexualisierte Gewalt,
- Vernachlässigung und/oder Verletzung der Fürsorgepflicht durch beispielsweise mangelnde Getränkeversorgung oder nicht ausreichendes Wechseln von Windeln (ebd.).

Das Projektnetz INTAKT (Soziale Interaktionen in pädagogischen Handlungsfeldern) geht in verschiedenen Vorhaben der in Kürze zusammengefassten Fragestellung »Wie und wie oft werden Kinder in pädagogischen

Interaktionen anerkannt oder verletzt?« nach (Prengel 2019). Hierzu wurde die Qualität der Lehrer*innen-Schüler*innen-Beziehung und -Interaktion wie auch die der Kind-Erzieher*innen-Beziehung und -Interaktion anhand von direkten Beobachtungen aus der Außenperspektive dokumentiert (Prengel 2019). Die Ergebnisse der Beobachtungsstudie im Elementarbereich zeigen, welche Bedeutung die Auseinandersetzung und Implementierung einer gewaltfreien und grenzachtenden Pädagogik in KiTas hat.

Das Projektnetz INTAKT stellte bei Auswertungen von umfangreichen Beobachtungsstudien, die in KiTas und Krippen durchgeführt wurden, fest, dass 26,7 % der beobachteten Situationen als ambivalent und verletzend einzuordnen sind. 73,3 % der Szenen in Kindergärten (inklusive Krippenbereiche) wurden als anerkennend und neutral kategorisiert. Prengel betont, dass es bemerkenswert sei, wie hoch der Anteil der pädagogischen Interaktionen (7,2 %) ist, die als stark verletzend einzuordnen seien (ebd.).

»Verletzende frühpädagogische Handlungsmuster sind destruktive Kommentare und Anweisungen, das Ignorieren bedürftiger Kinder, negative Zuschreibungen, Anbrüllen, Verweigerung notwendiger Hilfen« (ebd., S. 118). Ausgrenzungen, Drohungen, aggressiven Körperkontakt und Spott gibt es seltener.

Als anerkennende pädagogische Interaktionen werden Hilfe, Trost, Lob, und Anleitung zu Selbstständigkeit des Kindes, zur Kooperation mit anderen Kindern sowie auch konstruktiven Grenzsetzungen eingeordnet. Ein weiteres Ergebnis der Studien ist, dass sowohl sehr anerkennende als auch sehr verletzende Pädagog*innen in der gleichen Einrichtung tätig sein können. Es zeigen sich institutionell bedingte Richtungen im Verhalten. Jedoch gibt es auch in Einrichtungen, die eine überdurchschnittlich gute Anerkennungsbilanz zeigen, häufig einzelne pädagogische Fachkräfte, die stark dazu neigen, Kinder verletzend zu behandeln (ebd.).

Folgen von häufigen negativen Erfahrungen, wie bspw. verbaler Gewalt, können ähnlich sein wie die von körperlicher Gewalt. Kinder können unter Angstzuständen, Depressionen oder Verhaltensauffälligkeiten leiden (Ming, Te Wand et al. 2014). Hierbei wird das Angeschrienwerden aus Kindersicht anders erlebt als aus Erwachsensicht. Kinder fühlen sich schneller verängstigt, gedemütigt und bedroht (ebd.).

1 Ein Blick auf grenzachtendes und gewaltfreies pädagogisches Handeln

Tab. 1: Formen von Gewalt gegen Kinder durch pädagogische Fachkräfte (Maywald, J. (2020). Fehlverhalten und Gewalt durch pädagogische Fachkräfte in Kitas – Warum Wegsehen, Verschweigen und Banalisieren nicht weiterhelfen. In: frühe Kindheit. Zeitschrift der Deutschen Liga für das Kind, 23 (1), S. 24–31)

Formen von Gewalt gegen Kinder durch pädagogische Fachkräfte	
Seelische Gewalt	beschämen, demütigen, ausgrenzen, isolieren, diskriminieren, überfordern, überbehüten, ablehnen, bevorzugen, abwerten, ständig mit anderen Kindern vergleichen, Angst machen, anschreien, bedrohen, beleidigen, erpressen
Seelische Vernachlässigung	emotionale Zuwendung oder Trost verweigern, mangelnde Anerkennung, ignorieren, verbalen Dialog verweigern, bei körperlichen, seelischen oder sexuellen Übergriffen unter Kindern nicht eingreifen
Körperliche Gewalt	unbegründet festhalten, einsperren, festbinden, schlagen, zerren, schubsen, treten, zum Essen zwingen, verbrühen, verkühlen, vergiften
Körperliche Vernachlässigung	unzureichende Körperpflege, mangelhafte Ernährung, unzureichende Bekleidung, Verweigerung notwendiger Unterstützung und Hilfe (z. B. nach Unfällen)
Vernachlässigung der Aufsichtspflicht	Kinder unangemessen lang oder in gefährlichen Situationen unbeaufsichtigt lassen, Kinder »vergessen«, notwendige Sicherheitsvorkehrungen oder Hilfestellungen unterlassen, Kinder in gefährliche Situationen bringen
Sexualisierte Gewalt	ein Kind ohne dessen Einverständnis oder gegen seinen Willen streicheln oder liebkosen, küssen, körperliche Nähe Erzwingen, ein Kind ohne Notwendigkeit an den Genitalien berühren, ein Kind sexuell stimulieren, sexuelle Handlungen durch ein Kind an sich vornehmen lassen, Kinder zu sexuellen Posen auffordern, Kinder nackt oder in sexuell aufreizenden Posen fotografieren

Der Paritätische Wohlfahrtsverband (kurz: DPWV) stellt im Rahmen seiner Arbeitshilfe zum Kinder- und Jugendschutz eine Verhaltensampel für Fachkräfte vor. Diese wurde vom Team der »integrativen KiTa Unkel« erarbeitet. Solch eine Ampel hat keinen Anspruch auf Vollständigkeit und kann lediglich als Beispiel bzw. Orientierung dienen. Sie ersetzt nicht die Erarbeitung eines entsprechenden Leitbildes in der eigenen Einrichtung. Die vorliegende Ampel kann als Diskussionsgrundlage genutzt werden (DPWV 2018). Ebenfalls ist zu betonen, dass innerhalb der einzelnen Felder von sowohl strafrechtlich relevanten als auch arbeitsrechtlich relevanten Verhaltensweisen gesprochen wird.

Im Bericht der Paritätischen Wohlfahrtsverbandes sind folgende Verhaltensweisen rot markiert und somit als inakzeptabel festgeschrieben:

- Im Intimbereich anfassen
- Intimsphäre missachten
- Zwingen
- Schlagen
- Strafen
- Angst machen
- Sozialer Ausschluss
- Vorführen
- Nicht beachten
- Diskriminieren
- Bloßstellen
- Lächerlich machen
- Pitschen/kneifen
- Verletzen (fest anpacken, am Arm ziehen)
- Misshandeln
- Herabsetzend über Kinder und Eltern sprechen
- Schubsen
- Isolieren/fesseln/einsperren
- Schütteln
- Medikamentenmissbrauch
- Vertrauen brechen
- Bewusste Aufsichtspflichtverletzung
- Mangelnde Einsicht

- Konstantes Fehlverhalten
- Küssen
- Grundsätzlich: Videospiele in der KiTa
- Filme mit grenzverletzenden Inhalten
- Fotos von Kindern ins Internet stellen (Der paritätische Gesamtverband 2018, S.14f.)

Der vom DPWV als gelb markierte Bereich umfasst die folgenden Verhaltensweisen, die pädagogisch kritisch zu sehen und für die Entwicklung des Kindes nicht förderlich sind:

- Sozialer Ausschluss (»vor die Tür begleiten«)
- Auslachen
- Lächerliche, ironisch gemeinte Sprüche
- Regeln ändern
- Überforderung/Unterforderung
- Autoritäres Erwachsenenverhalten
- Nicht ausreden lassen
- Verabredungen nicht einhalten
- Stigmatisieren
- Ständiges Loben und Belohnen
- (Bewusstes) Wegschauen
- Keine Regeln festlegen
- Anschnauzen
- Laute körperliche Anspannung mit Aggression
- KiTa-Regeln werden von Erwachsenen nicht eingehalten (regelloses Haus)
- Unsicheres Handeln (ebd., S. 14)

Die aufgelisteten Verhaltensweisen können im Alltag passieren, weisen jedoch einen hohen Reflexionsbedarf auf. Hierbei ist auf folgende Selbstreflexionsfragen hin zu prüfen:

- Was regt mich sehr auf?
- Wo sind meine eigenen Grenzen?
- Was war der Auslöser für mein Handeln?

Eine kollegiale Beratung stellt eine mögliche, lösungsorientierte Methode dar (ebd.).

Im Bereich, den der DPWV grün markiert, werden die folgenden Verhaltensweisen aufgelistet, die grenzachtend, wertschätzend, gewaltfrei und entwicklungsfördernd sind:

- Positive Grundhaltung
- Ressourcenorientiert arbeiten
- Verlässliche Strukturen
- Positives Menschenbild
- Den Gefühlen der Kinder Raum geben
- Trauer zulassen
- Flexibilität (Themen spontan aufgreifen, Fröhlichkeit, Vermittler*in/Schlichter*in)
- Regelkonform verhalten
- Konsequent sein
- Verständnisvoll sein
- Distanz und Nähe (Wärme)
- Kinder und Eltern wertschätzen
- Empathie verbalisieren – mit Körpersprache, Herzlichkeit
- Ausgeglichenheit
- Freundlichkeit
- Partnerschaftliches Verhalten
- Hilfe zur Selbsthilfe
- Verlässlichkeit im Verhalten der Fachkräfte durch beispielsweise Struktur
- Aufmerksames Zuhören
- Jedes Thema wertschätzen
- Angemessenes Lob aussprechen
- Vorbildliche Sprache
- Integrität des Kindes achten und die eigene, gewaltfreie Kommunikation
- Ehrlichkeit
- Authentisch sein
- Transparenz
- Echtheit

1 Ein Blick auf grenzachtendes und gewaltfreies pädagogisches Handeln

- Unvoreingenommenheit
- Fairness
- Gerechtigkeit
- Begeisterungsfähigkeit
- Selbstreflexion
- »Nimm nichts persönlich«
- Auf die Augenhöhe der Kinder gehen
- Impulse geben
- Regeln etablieren
- Tagesablauf einhalten
- Grenzüberschreitungen unter Kindern und Erzieher/-innen unterbinden
- Kinder anhalten, in die Toilette zu urinieren
- Kinder anhalten, Konflikte friedlich zu lösen (ebd., S. 15)

Sicher werden Sie der Aussage »Niemals Gewalt!« durchaus zustimmen. Allerdings gibt es im pädagogischen Alltag bestimmte Situationsbereiche, die das Potential beinhalten, dass es zu Machtmissbrauch (Ausnutzung des Machtungleichgewichts zwischen Kind und Erwachsenem), Grenzüberschreitung oder Gewalt, ob psychischer oder körperlicher Art, kommt:

- beim Wickeln,
- während der Begleitung zu Toilettengängen,
- in Essens- oder Schlafsituationen,
- in allen Situationen des pädagogischen Alltags, in denen es um die Befriedigung kindlicher Grundbedürfnisse geht.

Die Selbstbestimmung des Kindes und die Bedürfnisse des Kindes sollten in diesen Situationen im Mittelpunkt stehen sowie den Ausgangspunkt des pädagogischen Handelns darstellen.

Mitgedacht, eingeschätzt & reflektiert:

Fallvignette 1

Der 1;6 Jahre alte Colin läuft verträumt durch den Gruppenraum hin zum Stuhlkreis, der gleich beginnen soll. In seinem Arm hält er sein Kuscheltier Willimaus, ohne das er selten zu sehen ist. Er nuckelt an seinem Schnuller und wirkt müde. Lilo, die Fachkraft, sieht den Jungen, geht auf ihn zu, nimmt ihm den Schnuller aus dem Mund, das Kuscheltier aus dem Arm und sagt, während sie beides auf ein Regal legt: »Mensch, Colin, das brauchst du jetzt nicht. Du bist doch kein Baby mehr! Komm mit zum Stuhlkreis.« Sie greift die Kapuze seine Pullis mit der rechten Hand und schiebt ihn mit der linken Hand zwischen den Schulterblättern haltend zum Stuhlkreis. Dort angekommen, hebt sie ihn unkommentiert an und setzt ihn auf einen Stuhl. »So«, sagt sie, »schön sitzen bleiben. Ich muss die anderen noch holen.«

Impulsfragen

- Welche Momente im Handeln der Fachkraft finden Sie grenzüberschreitend?
- Was sind Ihrer Meinung nach in dieser Fallvignette Merkmale übergriffigen Handelns? Woran erkennen Sie hier übergriffiges, grenzverletzendes Handeln?
- Was könnten mögliche Gründe für das Handeln der Fachkraft sein?
- Wenn Sie die Situation beobachtet hätten, was hätten Sie getan?
- Wie hätte die Situation bedürfnisorientiert und somit zum Wohle des Kindes gestaltet werden können?

Orientierungshilfe

Die pädagogische Fachperson handelt in verschiedenen Momenten grenzverletzend und übergriffig. So missachtet sie beispielsweise das Bedürfnis des Kindes nach Ruhe und Schlaf. Darüber hinaus wertet sie das Kind ab, diskriminiert es, indem sie ihm den Schnuller und das Kuscheltier mit den Worten »Du bist doch kein Baby mehr« aus den

Händen nimmt. Auch das Greifen nach der Kapuze des Pullis, das Schieben durch die Gruppe und das unangekündigte Anheben, um das Kind auf den Stuhl zu setzen, ist dem grenzverletzenden, machtvollen Handeln zuzuordnen. Das Kind wird über Berührungen und Handlungen durch die Fachkraft nicht informiert. Es kann sich auf die sich verändernde Situation nicht einstellen. Erfährt das Kind ein solches Handeln häufiger, so wirkt sich das negativ auf das kindliche Selbstbild aus. Es lernt, dass seine Bedürfnisse nicht so bedeutsam sind bzw. etwas mit ihm nicht stimmt.

Wünschenswert wäre hier gewesen, dass die Fachkraft im Sinne des Kindes handelt, sich ihm zuwendet und gemeinsam mit dem Kind nach Alternativen sucht, damit das Kind seine Interessen, Bedürfnisse und Wünsche benennen kann. Gemeinsam kann eine gute Lösung herbeigeführt werden, die in dieser Fallvignette z. B. das Angebot zum Ausruhen oder auch das Begleiten in den Ruheraum sein könnte.

Das folgende Zitat stellt eine gute Grundlage zur Einschätzung des eigenen Handelns dar:

»Warum sollte ich einen Menschen anders behandeln als andere, nur weil es zwischen uns Unterschiede in Bezug auf das Alter, auf die Sprache und den Wissensstand gibt?« (Rosenberg 2004, S. 100).

Wenn Sie mit dieser Frage ihr eigenes Handeln im pädagogischen Alltag im Hinblick auf Machtausübung reflektieren:

- In welchen Situationen verhalten Sie sich Kindern anders als Erwachsenen gegenüber? Können Sie dies pädagogisch begründen?
- Wann tun Sie dies und mit welcher Intention?

Blicken wir auf die grenzachtende und gewaltfreie Erziehung in ihrem pädagogischen Alltag:

- Achten Sie die Grenzen der Ihnen anvertrauten Kinder genauso wie die Grenzen Ihrer Kolleg*innen?

Wird das Recht auf Selbstbestimmtheit oder freie Meinungsäußerung ernst genommen, so ist es ausgeschlossen, dass ein Kind so lange sitzen bleiben muss, bis es das Gemüse probiert hat. Das Selbstverständnis und die Haltung, dass ich nicht die Person bin, die über das Kind bestimmt und missbräuchlich ihre Macht ausnutzt, dient als Grundhaltung im pädagogischen Alltag, so dass grenzachtende und gewaltfreie Erziehung stattfindet.

In vielen Situationen im KiTa-Alltag besteht die Gefahr, dass gewaltfreie und grenzachtende Erziehung nicht stattfindet: Alltägliche Situationen wie Essens- oder Wickelsituationen bieten hier viel »Potenzial«:

- Sollen Kinder alles probieren müssen oder sollen Kinder aufessen?
- Darf ich ein Kind wickeln, auch wenn es gerade nicht von mir gewickelt werden möchte?

Grenzachtendes und gewaltfreies Handeln bedeutet, die Rechte von Kindern als Basis für das eigene Handeln im Alltag zu verstehen.

»In Situationen, in denen es keine Möglichkeit für ein Gespräch gibt, z. B. bei drohender Gefahr, müssen wir auf die beschützende Anwendung von Macht zurückgreifen. Das Ziel beschützender Machtanwendung ist die Verhinderung von Verletzung oder Ungerechtigkeit – niemals jedoch zu bestrafen, jemanden leiden oder bereuen zu lassen oder ihn*sie zu verändern. Die bestrafende Machtausübung erzeugt tendenziell Feindseligkeit und verstärkt die Abwehr gerade von erwünschtem Verhalten. [...] Vorwürfe und Strafen tragen nicht zu den Beweggründen bei, die wir gerne bei anderen hervorrufen möchten« (Rosenberg 2013, S. 188).

Dennoch ergeben sich im pädagogischen Handeln und Alltag (vermehrt) Situationen, in denen die Rechte von Kindern missachtet und Grenzen überschritten werden (Boll & Remsperger-Kehm 2021c, Prengel 2019).

Ein Beispiel für einen gelungenen Verhaltenskodex hat die Stadt Dortmund im Rahmen von FABIDO (Familienergänzende Bildungseinrichtungen für Kinder in Dortmund) in »FABIDO (be)schützt! Kinderschutz durch Achtsamkeit im pädagogischen Alltag« vorgelegt. Dieser wird als Good-Practice-Beispiel nachfolgend aufgeführt:

1 Ein Blick auf grenzachtendes und gewaltfreies pädagogisches Handeln

»**Verhaltenskodex FABIDO**
Der Verhaltenskodex ist Ausdruck der moralischen und fachlichen Grundhaltung einer Ein-richtung. Er bietet ein hohes Maß an Prävention gegen Machtmissbrauch bei (sexualisierten) Übergriffen an Kindern der Einrichtung. Der Verhaltenskodex gibt den Beschäftigten Sicherheit und bietet Orientierung im Miteinander. Hier werden fachlich angemessene Verhaltensweisen festgeschrieben.

Als Mitarbeiter*in der KiTa

- schütze ich die Kinder vor körperlicher, seelischer und sexualisierter Gewalt und Machtmissbrauch von Erwachsenen,
- beachte ich die Bedürfnisse der Kinder und nehme dabei meine persönlichen Wünsche und Ziele zurück,
- trete ich allen Kindern, Eltern und Mitarbeiter*innen respektvoll und wertschätzend gegenüber,
- reagiere ich sensibel auf diskriminierende rassistische, sexistische und ausgrenzende Äußerungen und Verhaltensweisen und nehme aktiv dagegen Stellung,
- unterstütze ich die Kinder in ihrer Entwicklung und biete Möglichkeiten, ihr Selbstbewusstsein, ihre Entscheidungsfähigkeit und Selbstbestimmung zu entfalten,
- nehme ich verantwortungsbewusst meine Aufgabe wahr, dabei ist mir meine Macht als erwachsene Person bewusst,
- achte ich die kindliche Sexualität, die Intimsphäre und das Schamgefühl der Kinder und nehme die individuellen Grenzempfindungen ernst,
- ermutige ich die Kinder, sich an Erwachsene zu wenden, denen sie vertrauen, um ihnen Dinge und Situationen zu erzählen, die sie bedrücken oder wo sie sich bedrängt fühlen,
- nehme ich Hinweise und Beschwerden von Kindern, Eltern und anderen Erwachsenen ernst,
- spreche ich alle Personen an, die mit diesem Verhaltenskodex nicht im Einklang stehen, um ein offenes Klima im Team zu schaffen und zu erhalten,
- achte ich den Verhaltenskodex gewissenhaft, um die mir anvertrauten Kinder zu beschützen« (Stadt Dortmund & FABIDO 2021, S. 25, Hervorheb. i. Orig.).

Ein philosophischer Exkurs:

»Dass Macht von pädagogischen Fachkräften häufig kritisch gesehen wird, hängt auch damit zusammen, dass sie oft mit ihrem Missbrauch in Verbindung gesetzt wird, bzw. mit Gewalt oder Zwang. Indem sie

Macht von Gewalt unterscheidet, entwirft Hannah Arendt einen positiven Machtbegriff, der auch für die Reflexion pädagogischer Verhältnisse hilfreich ist. Sie betont: ›Über Macht verfügt jemand nur so lange, wie die*der Andere oder die Gemeinschaft diese Macht anerkennen‹ (Arendt 1970, S. 45). Über Macht verfügt nie jemand von sich aus, sie kann ihm nur von einer Gruppe zugebilligt werden. Entzieht die Gemeinschaft ihm ihre Zustimmung, wird er ohnmächtig. Will er dennoch seinen Willen durchsetzen, muss er zur Gewalt bzw. zu Zwang greifen und ist dabei auf ›Werkzeuge‹, also Gewaltmittel wie körperliche Kraft, psychische Überlegenheit oder Ähnliches angewiesen.

Auch in KiTas ist die Macht, die Erwachsene gegenüber Kindern grundsätzlich haben, in der Regel dadurch legitimiert, dass die Kinder den Erwachsenen diese Macht zugestehen. Dass Erwachsene mächtiger sind als sie, ist den Kindern meist so selbstverständlich, dass sie gar nicht auf die Idee kommen, diese Macht infrage zu stellen. Genau dies ist der Grund, warum in KiTas die Macht der Erwachsenen häufig weder von den Erwachsenen noch von den Kindern als solche wahrgenommen wird. [...] Und doch verfügen die Fachkräfte über legitime Macht nur so lange, wie die Kinder die Machtausübung der Erwachsenen hinnehmen oder zumindest keinen Widerstand leisten. Akzeptieren die Kinder die Machtausübung nicht mehr, dann werden die Erwachsenen ohnmächtig und können ihre Anliegen gegen den Willen der Kinder letztlich nur mit Gewalt durchsetzen. Der Grat zwischen legitimierter Machtausübung von Erwachsenen und Gewalt oder Zwang durch Fachkräfte ist also auch in der KiTa schmal. Dass Kinder Erwachsenen gegenüber selten Widerstand leisten, liegt vor allem in der Besonderheit der pädagogischen Beziehung in KiTas aufgrund des jungen Alters der Kinder.« (Knauer & Hansen 2010, S. 26)

Zwang muss erklärt werden

Im pädagogischen Alltag kann es dennoch zu Situationen kommen, in denen pädagogische Fachkräfte vor der Entscheidung stehen, gegen den ausdrücklichen Willen von Kindern zu handeln und damit Zwang oder Gewalt anwenden zu müssen (Knauer & Hansen 2010).

Mitgedacht, eingeschätzt & reflektiert:

Fallvignette 2

Die Tigergruppe macht heute einen Ausflug zum nahegelegenen Stadtpark. Auch die zweieinhalbjährige Diara ist dabei. Sie freut sich sehr auf den Ausflug und dass sie zusammen mit ihren Freund*innen unterwegs ist. Der Weg führt über die stark befahrende Straße im Innenstadtbereich. Auf dem Weg entdeckt sie auf der gegenüberliegenden Straße einen Hund. Sie ruft laut: »Oh, ein Hund!«, und will ihn sofort streicheln. Sie rennt los, ohne auf den Verkehr und ihre Umgebung zu achten. Ihr Erzieher Can bemerkt dies sofort und hält sie am Arm fest, noch bevor sie über die Straße laufen kann. Diara schreit laut und will sich losreißen. Ihr Erzieher versucht, ihr zu erklären, dass sie nicht einfach über die Straße rennen kann. Diara versucht weiter, sich loszureißen, und fängt an, ihn zu hauen. »Lass mich«, ruft sie laut. Schließlich nimmt der Erzieher sie auf den Arm, da Diara sich nicht beruhigt. Hierbei ruft sie laut: »Runter, ich will nicht!«

Impulsfragen

- Welche Momente im Handeln der Fachkraft finden Sie grenzüberschreitend?
- Was sind Ihrer Meinung nach in dieser Fallvignette Merkmale übergriffigen Handelns? Woran erkennen Sie hier übergriffiges, grenzverletzendes Handeln?
- Was könnten mögliche Gründe für das Handeln der Fachkraft sein?
- Wenn Sie die Situation beobachtet hätten, was hätten Sie getan?
- Wie hätte die Situation bedürfnisorientiert und somit zum Wohle des Kindes gestaltet werden können?

Orientierungshilfe

Die Fachkraft handelt in dieser Situation genau richtig, denn durch das Einschreiten wird das Kind vor Gefahren und Verletzungen geschützt. Gemäß Art. 12 der UN-Kinderrechtskonvention sollen die Kinder bei der Gestaltung des pädagogischen Alltags mitbestimmen, mitwirken und sich beteiligen. Neben dem Recht auf Teilhabe ist aber auch das Schutzrecht zu berücksichtigen. In für das Kind gefahrenvollen Situationen sind diese schnellstmöglich abzustellen, so dass das Wohl des Kindes nicht gefährdet ist. Sobald die Gefahr gebannt und das Kind nicht in seinen Emotionen gefangen ist, bietet sich an, dass die Fachkraft mit dem Kind ins Gespräch geht. Sie sollte erklären, warum sie so gehandelt hat, wo die Gefahr liegt, sich für das möglicherweise kraftvollere Festhalten entschuldigen. Die Entschuldigung sollte authentisch und ehrlich sein. Gemeinsam mit dem Kind kann das Erlebte so aufgearbeitet werden.

»Gewalt«, so sagt Hannah Arendt, »kann gerechtfertigt, aber niemals legitimiert sein« (Arendt 1970, S. 53). Nun stellt sich die Frage, wie pädagogische Fachkräfte den situationsabhängig notwendigen Zwang rechtfertigen können. Laut dem Politikwissenschaftler und Philosophen Rainer Forst gilt es, um Gerechtigkeit zu erreichen, willkürliche Herrschaft zu vermeiden. Hierzu nennt er das »Recht auf Rechtfertigung«. Übertragen auf die KiTa bezeichnet dies den Anspruch von Kindern auf Erklärungen pädagogischen Verhaltens und transparentes und nachvollziehbares Verhalten von Fachkräften, des Weiteren eine gemeinsame Reflexion mit den Kindern über die Situation, wie auch die öffentliche Diskussion und Hinterfragung entsprechender Situationen im Team. Es kann Situationen geben, in denen es sich nicht um demokratisch legitimierte Macht handelt, es gilt jedoch in allen Situationen zunächst möglichst viele andere Möglichkeiten auszuloten, um Gewalt zu verhindern (Knauer & Hansen 2010).

1.2 Der Zusammenhang von grenzachtendem und gewaltfreiem pädagogischen Handeln und der eigenen Biografie

Die anthropologisch gegebene Generativität des menschlichen Lebens ist die Basis pädagogischer Beziehungen, in denen die Angehörigen der älteren Generation den Angehörigen der jüngeren Generation Bildung, Werte und Normen vermitteln. Die ältere Generation gibt kulturelle Errungenschaften weiter, die jüngere Generation übernimmt und verändert das Bestehende. Das Generationsverhältnis hat zur Folge, dass von der älteren Generation kulturelle Reproduktionen ausgehen. Ebenso gehen von der jüngeren Generation kulturelle Transformationen aus. Aspekte wie »Macht der Großen« und fundamentale Abhängigkeit von Kindern sowohl bzgl. der Grundversorgung als auch bzgl. der emotionalen und psychischen Entwicklung und Versorgung sind wichtige Aspekte in pädagogischen Beziehungen (Prengel 2013).

Ausgehend von diesen Grundannahmen kann auch hinsichtlich eines grenzachtenden und gewaltfreien pädagogischen Handelns bzw. grenzverletzendem und gewaltvollem Handeln eine Reproduktion des Erlebten zwischen Generationen stattfinden. Die eigene Biografie kann hinsichtlich eines möglichen grenzverletzenden und gewaltvollen Handelns eine Rolle spielen. Individuelles Fehlverhalten spielt in Situationen von Gewalt durch Fachkräfte, in welcher Form auch immer, in jedem Fall eine Rolle. Hierbei wirken die selbst erlebten, belastenden biografischen Erfahrungen treibend und verstärkend. Das Risiko, eigene negative Erfahrungen auf das eigene Handeln zu übertragen, ist erheblich höher als bei Personen die keine negativen Erfahrungen in der Kindheit mit Formen von körperlicher, seelischer und/oder sexualisierter Gewalt machen mussten. Die Studie von Clemens et al. (2020) zeigt eindeutig: Wer als Kind körperliche oder psychische Gewalt erlebt hat, stimmt als Erwachsene Person Gewalt in der Erziehung eher zu als Menschen, die ohne diese aufwachsen durften.

Die pädagogischen Fachkräfte sind zudem dafür verantwortlich, die kindliche Schwäche im Machtverhältnis nicht auszunutzen, sondern Kinder zu stärken. Viele Fachkräfte haben wie andere Menschen bereits Erfahrungen von Gewalt gemacht bzw. machen müssen. Die Gefahr einer generationsübergreifenden Weitergabe von Gewalt ist besonders bei den Fällen vorhanden, bei denen die betroffenen Personen die Erfahrung schlecht oder gar nicht verarbeitet haben oder thematisieren konnten (Maywald 2021). Hierbei ist auf die Formen und Arten von Gewalt bzw. das individuelle Erlebnis von Gewalt hinzuweisen. Da Fachkräfte im Verhältnis zu Kindern machtvoller sind, sollten sie sich ihrer überlegeneren Position und den daraus möglichen Handlungsweisen bewusstwerden. Sie sollten ihre Haltung und die Verknüpfung mit ihrer eigenen Lebensgeschichte reflektieren. Des Weiteren liegt die Verantwortung der pädagogischen Fachkräfte, die kindliche Schwäche im Machtverhältnis nicht auszunutzen, sondern die Kinder zu stärken und sich angstfrei beteiligen zu können, bei den Fachkräften (Prengel, 2016).

Das Vertrauen zwischen Eltern oder Fachkräften und Kindern wird durch erlebte Gewalt von Seiten enger, vertrauter Bezugspersonen gestört oder gar zerstört. Eine Studie des Bundesministeriums für Familie, Senioren, Frauen und Jugend untermauert Maywalds Aussagen. Personen mit eigenen Gewalterfahrungen neigen in Zukunft selbst eher dazu, Gewalt zu verüben. Jede*r dritte Jugendliche mit einer gewaltbelastenden Erziehung berichtet laut Studie über eigene leichte Gewalttätigkeit. Jede*r Vierte, die*der selbst Gewalt erlebt hat, schlägt andere mit Fäusten, und jede*r Fünfte hat bereits eine andere Person verprügelt. Im Vergleich zu gewaltfrei erzogenen Personen wird der Unterschied deutlich: Hier sind es jeweils nur jede*r Siebte bzw. 6% der Jugendlichen. Ein weiterer Aspekt, den die Studienergebnisse verdeutlichen, ist, dass die Anwendung von Gewalt wie auch aggressives Verhalten und eine mangelnde Konfliktfähigkeit bei jugendlichen Straftäter*innen doppelt so häufig zu erkennen ist, wenn diese selber Opfer von Gewalt gewesen sind (Gugel 2006).

Ein weiterer Aspekt hinsichtlich des biografischen Zusammenhangs von erlebter und gelebter Gewalt wird in einer Studie des kriminologischen Forschungsinstituts Niedersachsen dargestellt:

>»Die Neigung zu Feindseligkeitszuschreibungen der Jugendlichen steigt systematisch mit der Häufigkeit und Intensität elterlicher Gewalt in der Kindheit. Je häufiger bzw. intensiver die Befragten in ihrer Kindheit der Gewalt seitens ihrer Eltern ausgesetzt waren, desto positiver bewerten sie selbst die Anwendung von Gewalt. Die Konfliktkompetenz Jugendlicher ist umso niedriger, je stärker aus-

geprägt elterliche Gewalterfahrungen in der Kindheit waren« (Pfeiffer, Wetzels & Enzmann 1999, S. 28).

Die meisten Personen, die Gewalt in ihrer Kindheit oder Jugend erlebt haben, übertragen diese Erfahrungen nicht in ihr eigenes Handeln innerhalb der Partnerschaft, Familie oder Institution, jedoch ist das Risiko hierfür deutlich größer (Maywald 2021). Die generationsübergreifende Weitergabe von Gewalt ist in Fällen, in denen die Opfer ihre Erfahrungen nicht verarbeitet oder therapiert haben, in besonderer Art möglich. Häufig findet innerhalb dieses Settings eine unbewusste Identifikation mit dem*der Aggressor*in statt. Diese Identifikation kann sich dann in anderen Kontexten, wie beispielsweise dem beruflichen Umfeld, zum Leidtragen der Kinder entfalten (ebd.). Maywald benennt zudem die individuelle aktuelle Lebenssituation der Fachkraft als eine weitere mögliche Ursache. Nennenswert sind hierbei vor allem chronische oder akute Belastungen auf Grund von seelischer und/oder körperlicher Erkrankungen, soziale Isolation, Suchtabhängigkeit, Verluste im Familienkreis sowie Trennungen und schwerwiegende Beziehungs- und Partnerkonflikte (ebd.).

1.3 Die Wechselbeziehung von Grenzen pädagogischer Möglichkeiten und grenzverletzendem Verhalten

Studierende des Studiengangs Bildungs- und Sozialmanagement an der Hochschule Koblenz äußerten im April 2021 bei einer Befragung zum Thema, welche Auswirkungen eine knappe Personalsituation haben kann, folgende Aspekte:

- Gereiztheit der Fachkräfte,
- gestresste Fachkräfte,
- Kindeswohlgefährdung,

- das Übergehen einzelner Bedürfnisse der Kinder durch Zeit- und Personalmangel,
- Stressreaktionen seitens der Kinder,
- unangemessenes Erzieher*innenverhalten wie Anschreien, Kinder am Arm ziehen etc.

Ebenso wurde der Aspekt geäußert, dass ein Teufelskreis entsteht, indem Stress bei Erzieher*innen zu Stress bei Kindern führt usw. (Boll & Remsperger-Kehm 2021c).

Viele Fachkräfte erleben den KiTa-Alltag als große Belastung. Die Belastung, die die Fachkräfte unter anderem auf Grund von Personalmangel erleben, wirkt sich auf die Qualität des KiTa-Alltags aus. Beispielsweise berichten pädagogische Fachkräfte in Seminaren und Fortbildungen davon, dass sie am Rande ihrer persönlichen Leistungsgrenze arbeiten und sie dieser Zustand persönlich belastet. Auf Grund dessen können sie dem eigenen Anspruch an die Arbeit mit den Kindern nicht gerecht werden. Zudem teilen sie mit, dass besonders in Stresssituationen der Umgang mit den Kindern teils zu verletzendem Verhalten gegenüber diesen führt. Das zeigt sich in

- aggressivem, ruppigem Verhalten gegenüber Kindern, Kolleg*innen und Eltern,
- mangelnder Wertschätzung gegenüber den Kindern,
- mangelnder Geduld und Zuwendung,
- Vernachlässigung der Kinder – beispielsweise können Streitereien nicht angemessen begleitet werden, werden pflegerische Tätigkeiten vernachlässigt oder die Aufsichtspflicht wird verletzt, was die Beziehung der Fachkraft zum Kind verschlechtert (ebd.).

Diese Äußerungen der Studierenden, bei denen es sich überwiegend um Fach- und Leistungskräfte aus dem Bereich von Kindertagesstätten handelt, spiegeln sich in den Auswertungen von Studien des Projektnetzes INTAKT (Soziale Interaktionen in pädagogischen Arbeitsfeldern) wider (Prengel 2019). Es zeigt sich, dass es einen Zusammenhang zwischen den institutionellen strukturellen Rahmenbedingungen innerhalb einer Einrichtung und dem individuellen pädagogischen Handeln der pädagogischen Fachkraft gibt. Das Thema des Umgangs mit grenzverletzendem Verhalten in der KiTa ist oft mit starken negativen Emotionen besetzt, wie z. B. Schuldgefühle, Versagensängste und Rechtfertigungsdruck (Boll & Remsperger-Kehm 2021).

Mitgedacht, eingeschätzt & reflektiert:

Fallvignette 3

Es ist Zeit zum Mittagessen. Alle Kinder sitzen endlich am Tisch. Heute gibt es Suppe. Die pädagogische Fachkraft Belinda hat alles vorbereitet und ist ganz zufrieden, weil sie bereits seit zwei Wochen allein für den Essensbereich zuständig ist. Heute hat sie es sogar geschafft, Henry ein Lätzchen umzubinden, obwohl er es nicht wollte. Damit es schneller geht und alle Kinder pünktlich in den Ruheraum kommen, schöpft sie den Kindern Suppe auf. Henry merkt an, dass er es selbst kann. Daraufhin antwortet Belinda: »Das machen wir morgen. Suppe ist viel zu schwer. Da kleckerst du doch eh wieder. Dafür habe ich keine Zeit.« Ina, ein Kind, das neben Henry sitzt, greift in die Suppenschüssel. Die Suppenkelle fällt aus der Schüssel auf den Tisch. »Och Mensch, Ina! Geht's noch? Du warst noch gar nicht an der Reihe!« Belinda hebt die Suppenkelle vom Boden, läuft zur Spüle, säubert die Suppenkelle und nimmt ein Küchentuch mit. Auf dem Weg zurück zum Tisch sagt sie: »Tja, Ina, selbst schuld. Wer sich nicht benehmen kann, der bekommt auch keinen Nachtisch!«, antwortet Belinda daraufhin und wischt die Suppe vom Tisch.

Impulsfragen

- Welche Momente im Handeln der Fachkraft finden Sie grenzüberschreitend?
- Was sind Ihrer Meinung nach in dieser Fallvignette Merkmale übergriffigen Handelns? Woran erkennen Sie hier übergriffiges, grenzverletzendes Handeln?
- Was könnten mögliche Gründe für das Handeln der Fachkraft sein?
- Wenn Sie die Situation beobachtet hätten, was hätten Sie getan?

- Wie hätte die Situation bedürfnisorientiert und somit zum Wohle des Kindes gestaltet werden können?

Orientierungshilfe

In diesem Beispiel wird an verschiedenen Situationen machtvoll, grenzüberschreitend und übergriffig seitens der Fachkraft agiert. Zum einen wird den Kindern ein Lätzchen gegen den Willen umgebunden. Zum anderen wird das Essen bereits portioniert an die Kinder verteilt, so dass keinerlei Möglichkeit zur Partizipation seitens der Kinder besteht. Dem zeitlichen Ablauf wird mehr Bedeutung zugeschrieben als den Interessen und Bedürfnissen der Kinder. Des Weiteren werden Kinder verbal abgewertet, diskriminiert, vorgeführt und beschämt. Das Missgeschick, das einem Kind geschieht, wird attribuiert und durch den Entzug des Desserts vor allen Kindern sanktioniert. Erleben Kinder ein solches Verhalten durch Erwachsene häufiger, dann erleben sie sich als nicht ausreichend, nicht respektiert und nicht wertgeschätzt. Die Selbstachtung des Kindes wird negativ beeinflusst, was weitreichende Folgen auf die kindliche Entwicklung bis ins Erwachsenenalter hinein haben kann.

Jahrelang, häufig unreflektierte und unveränderte Sozialisierung innerhalb des Berufes begünstigen subtile, unbewusste Verletzungen, die über die Jahre als selbstverständlich angesehen, toleriert und akzeptiert worden sind. Die fehlende Selbstreflexion und die fehlende Irritation über das eigene Verhalten führen zur Etablierung des (Fehl-)Verhaltens. Ein wertschätzender und (selbst-)kritischer Blick auf die Pädagogik seitens Kolleg*innen oder Eltern kann Anstoß zur Reflexion des pädagogischen Handelns und ein Schritt hin zur positiven, grenzachtenden Veränderung des eigenen Handelns sein. Gezielte Reflexion im Team sowie geschulte Selbstreflexion sind notwendig, um etablierte Verhaltensformen im pädagogischen Alltag hin auf ihr Gewaltpotenzial zu untersuchen und anschließend zu ändern. Routinen im Alltag können über Jahre hinweg Grenzverletzungen begünstigen. In Schlüsselsituationen wird Kindern – unter Vorschub von Zeitdruck oder Sorge ums Kind – z. B. voreilig etwas aus der Hand genommen und somit das Recht auf Entwicklung bzw.

Mitgestaltung an der Situation missachtet. Schlüsselsituationen sind hier beispielsweise Schlaf, Pflege und Essen. Bei diesen Themenfeldern kann eine regelmäßige Diskussion und Selbstreflexion im Team zur gewaltfreien Erziehung im pädagogischen Alltag führen. Der respektvolle Umgang und die Selbstwirksamkeit des Kindes stehen hierbei im Mittelpunkt (Schulz & Frisch 2016).

Hilfreiche Leitfragen für die Auseinandersetzung im Team können sein:

- »*Schlaf:* Müssen alle Kinder schlafen? Wenn ja, warum? Welche Annahmen stehen hinter unseren vermeintlich gut gemeinten Entscheidungen? Ist es Kindern möglich, sich jederzeit, unabhängig von Schlafenszeiten, zurückzuziehen? Wird Schlafen von den Kindern als entspannende, selbstbestimmt gewählte Wohltat empfunden oder als auferlegter Zwang?
- *Essen:* Ist es möglich, das Essen in einem Raum anzubieten, der nicht der Ruheraum der Kinder ist? Können wir es zeitlich flexibel anbieten? In welcher Zeitspanne? Gibt es Selbstbedienung? Haben Kinder die Möglichkeit, am Kochen teilzunehmen, den Essensplan zu beeinflussen? Dürfen sie mit allen Sinnen ihr Essen genießen? Haben sie die Wahl zwischen Löffel, Messer und Gabel oder sogar den Händen? Sitzen wir Kindern, denen wir beim Essen helfen, gegenüber? Haben wir Blickkontakt zu ihnen und kommunizieren mit ihnen? Kündigen wir jeden unerwarteten Körperkontakt an? Können die Kinder bestimmen, wie viel, wie lange und was sie essen wollen?
- *Pflege:* Werden die Kinder beim Wickeln beteiligt? Wie? Erklimmen sie die Wickelkommode selbst über ein Treppchen? Haben sie die Möglichkeit, im Stehen gewickelt zu werden, wenn sie das bevorzugen? Können Kinder zwischen Töpfchen, WC oder einer Abwahl von beidem wählen? Dürfen Kinder sich selbst waschen? Kommunizieren wir dabei mit den Kindern, verbal und nonverbal? Geben wir zurückhaltende Hinweise auf noch nicht beachtete oder gewaschene Stellen und bieten Hilfe an, die eine Ablehnung zulässt? Benötigen alle Kinder genau zur gleichen Zeit eine neue Windel?« (Schulz & Frisch 2016)

Maywald nennt verschiedene Ursachen von Gewalt gegen Kinder durch pädagogische Fachkräfte, wie:

- situative Überforderung durch Krisensituationen,
- Ausbildungsdefizite und mangelnde professionelle Kenntnisse,
- ein fehlendes oder wenig bekanntes Schutzkonzept,
- mangelnde Unterstützung innerhalb des Teams oder der Leitung sowie durch den Träger.

Des Weiteren führt er das individuelle Versagen als eine Ursache speziell vor dem Hintergrund belastender biografischer Erfahrungen oder generationsübergreifender Weitergabe von Gewalt an (▶ Kap. 1.3). Ebenso wird der Aspekt der akuten oder dauerhaften Belastung, beispielsweise wegen körperlichen oder seelischen Erkrankungen, gravierenden Beziehungsproblemen oder Suchtabhängigkeiten, als möglicher Grund für grenzverletzendes, übergriffiges Verhalten durch die pädagogische Fachkraft angeführt. Die Zugehörigkeit zu einer religiösen Sekte oder extremistischen politischen Gruppierung nennt Maywald ebenfalls als Ursache von Gewalt gegen Kinder durch pädagogische Fachkräfte. Außerdem spielen strukturelle Mängel wie Personalmangel oder mangelhafte Räumlichkeiten ebenso wie eine unzureichende Thematisierung von Gewalt durch Fachkräfte in der Einrichtung eine Rolle (Maywald 2021).

Im öffentlichen Rahmen braucht es Mut und Vertrauen, um über dieses Thema zu sprechen (Boll & Remsperger-Kehm 2021a). Ihre Studienergebnisse zeigen, dass es im pädagogischen Alltag schwerfällt, über verletzendes Verhalten ins Gespräch zu kommen. Zudem wird anhand von Reflexionen einzelner Situationen aus dem pädagogischen Alltag, die grenzverletzend sind, deutlich, dass die Einschätzungen der Fachkräfte bezüglich des Anfangs des verletzenden Verhaltens sehr unterschiedlich sind. Hieraus ergibt sich die Notwendigkeit, über Situationen aus dem pädagogischen Alltag zu sprechen und sich über übergriffiges, inadäquates Verhalten auszutauschen. Ziel hierbei ist der Austausch über verschiedene Aspekte:

Was ist für die Kolleg*in grenzverletzendes oder gewaltsames Handeln? Welche Begründung gibt es, dass bereits eine Geste, ein Blick oder eine Handlung grenzüberschreitend oder gewaltsam ist?

Die Sicht des Kindes in diesen Situationen einzunehmen und die Lage des Kindes nachzuvollziehen, um aus dieser Position heraus sein Handeln unter dem Aspekt des verletzenden Verhaltens zu reflektieren, ist als weiteres Ziel zu sehen (Boll & Remsperger-Kehm 2021a). Es gibt Alltagssituationen, in denen Fachkräfte verletzendes Verhalten beobachten und dabei ein Gefühl von Ohnmacht erleben. Hierbei wird häufig eine Kombination aus Schuld- und Schamgefühlen empfunden, bei der die Frage aufkommt, ob man direkt in die Situation eingreift oder nach der Situation das Gespräch sucht. Darüber hinaus verdeutlichten die Studienergebnisse, dass viele der Teilnehmer*innen das Erlebte aufgrund der (emotionalen) Belastung mit nach Hause nahmen und sich teils auch nach Jahren noch an die Situation erinnern konnten, in denen grenzverletzendes oder gewaltsames Handeln gegenüber Kindern eine Rolle spielte. Es sei hier betont, dass jedem*jeder grenzverletzendes Verhalten passieren kann. Der Weg, grenzverletzendes oder gewaltsames Verhalten zu verhindern, liegt mitunter darin, das Thema im Alltag besprechen zu können. Eine Kultur und ein Klima der Vertrautheit und Offenheit, um über belastende und problematische Situationen zu sprechen, sollte dazu führen, dass die Situationen der Grenzverletzung oder Gewalt reflektiert und reduziert werden (ebd.).

Abschließend zur Gefahr von Untätigkeit:

»Die Untätigkeit von Fachkräften, die einem verletzenden Verhalten ihrer Kolleg*innen zusehen, erweist sich als doppelt fatal für das verletzte Kind. Denn die Entscheidung einer beobachtenden Fachkraft, sich nicht zu dem betroffenen Kind zu positionieren, ist eine Verhaltensweise, die das betroffene Kind zusätzlich verletzt.
Der Auftrag an die Praxis lautet deshalb: *Stellung für das Kind beziehen – konsequent*« (Boll & Remsberger-Kehm 2021b, S. 16).

2 Rechtliche Einführung in grenzachtendes und gewaltfreies pädagogisches Handeln in Einrichtungen der Kinder- und Jugendhilfe

Damit in Institutionen der Kinder- und Jugendhilfe, zu denen auch KiTas gehören, grenzachtend und gewaltfrei pädagogisch gehandelt werden kann, bedarf es eines fachlich fundierten Wissens sowohl über die (Grund-)Bedürfnisse und Entwicklung von Kindern als auch über die rechtlich verbindlichen Grundlagen. Nachfolgend werden internationale und nationale (Schutz-)Rechte von Kindern vorgestellt.

2.1 Internationale (Schutz-)Rechte von Kindern in Institutionen der Kinder- und Jugendhilfe

Rechtlich grundlegend zu einem grenzachtenden und gewaltfreien pädagogischen Handeln trägt maßgeblich die UN-Kinderrechtskonvention (UN-KRK) bei, die im November 1989 von der Generalversammlung der Vereinten Nationen verabschiedet wurde und im September 1990 in Kraft trat. Bis auf wenige Länder, wie die USA, haben alle Mitgliedsstaaten die UN-KRK ratifiziert. In der Bundesrepublik Deutschland wurde die Ratifizierung 1992 beschlossen und ist somit in Kraft getreten (Meisen 2017). Auf Grund der Ratifizierung ist die UN-KRK ein gleichrangiges Bundesgesetz, das seit seinem Inkrafttreten zu verschiedenen Gesetzesänderungen bezüglich einer Verbesserung des Schutzes von Kindern beigetragen hat (Hundt 2014).

Die UN-KRK sieht das Kind als gleichwertiges Mitglied der Gesellschaft, das die Würde, die Gleichheit und die Unveräußerlichkeit aller definierten Rechte besitzt. Des Weiteren wird formuliert, dass das Kind einen besonderen Anspruch auf Fürsorge, Unterstützung, umfassenden Schutz und eine (freie) Persönlichkeitsentfaltung hat (UN-KRK 1989). Als die Grundpfeiler der UN-KRK können die »3 p's« – *protection* (Schutz), *provision* (Förderung) und *participation* (Beteiligung) – genannt werden. Folgende Artikel der UN-KRK rahmen die kindlichen (Schutz-)Rechte:

- Gemäß Art. 12 UN-KRK steht jedem Kind, welches fähig ist, sich eine eigene Meinung zu bilden, das Recht zu, sich angemessen seines Alters und Entwicklungsstandes bzw. seiner Reife frei zu allen es betreffenden Themen zu äußern (UN-KRK 1989). Ein Mindestalter, das die Beteiligung von Kindern ermöglicht, wird nicht genannt. Vielmehr gilt der Anspruch, die Kinder von klein auf in alle Entscheidungen, die sie betreffen, aktiv einzubeziehen und ab der frühen Kindheit bewusst zu unterstützen (Correia et al. 2020). Trotz der allgemein gültigen Übersetzung und der Verankerung in der UN-Kinderrechtskonvention wird die kindliche Partizipation in der pädagogischen Praxis sehr unterschiedlich verstanden und umgesetzt. Eine partizipative Grundhaltung soll es den Kindern demnach prinzipiell und immer ermöglichen, sich aktiv in die Gestaltung ihres Gruppen- und KiTa-Alltags einzubringen und Entscheidungsprozesse zu beeinflussen (Grenner & Dittrich 2015).
- Darüber hinaus ist ein Kind vor rechtswidrigen, unbegründeten oder willkürlichen Situationen und anderen Erlebnissen wie z. B. wirtschaftlicher, körperlicher, sexueller Ausbeutung, die in die Lebenswelt des Kindes eingreifen, so zu schützen, dass das Wohl des Kindes zu jeder Zeit gewährt bleibt (Art. 19 UN-KRK).
- Ziel soll es jederzeit sein, alle Gefahren vom Kind abzuwenden, was die Gesundheit oder die körperliche, geistige, seelische, sittliche oder soziale Entwicklung des Kindes negativ und/oder nachhaltig beeinflussen und schädigen kann.

Ergänzend zur UN-KRK werden die Rechte des Kindes in der EU-Grundrechtecharta (EU-CFR) in Art. 24 beschrieben. Art. 24 EU-CFR manifestiert den Anspruch auf Schutz und Fürsorge sowie sowohl eine alters- und entwicklungsangemessene Beteiligung des Kindes und Jugendlichen in allen es bzw. sie*ihn betreffenden Angelegenheiten als auch eine freie Meinungsäußerung. Ebenso muss das Kindeswohl bei allen das Kind betreffenden Maßnahmen in privaten und/oder öffentlichen bzw. institutionellen Settings vorrangig gewahrt sein (EU-CFR 2020).

Die Vorgaben der UN-KRK gelten uneingeschränkt auch im Kontext professionellen pädagogischen Handelns in Einrichtungen der Kinder- und Jugendhilfe.

2.2 Nationale (Schutz-)Rechte von Kindern in Institutionen der Kinder- und Jugendhilfe

Im Grundgesetz der Bundesrepublik Deutschland (GG) wird in Art. 1 Abs. 1 rechtlich festgeschrieben, dass die Würde des Menschen unantastbar ist. Derzeit wird der Schutz des Kindes nicht explizit im Grundgesetz genannt. Wird Art. 1 GG jedoch in Verbindung mit dem § 1 des Bürgerlichen Gesetzbuches (BGB) betrachtet, so kann festgehalten werden, dass die Rechtsfähigkeit eines jeden Menschen mit der Geburt beginnt und somit jedem Kind – gleichwertig zu einer*einem Erwachsenen – alle Rechte uneingeschränkt zustehen. Stützend kann ein Urteil vom Bundesverfassungsgericht vom 29.07.1968 angeführt werden, welches dem »[...] Kind als Grundrechtsträger selbst Anspruch auf den Schutz des Staates [...] zuspricht. Das Kind ist demnach ein Wesen mit eigener Menschenwürde und dem eigenen Recht auf Entfaltung im Sinne von Art. 1, Abs. 1 GG und Art. 2, Abs. 1 GG« (Braches-Chyrek 2014, S. 421).

Aus dieser Subjektstellung des Kindes heraus ergibt sich durch Art. 6 Abs. 2 GG das staatliche Wächteramt.

Art. 1 GG:

(1) Die Würde des Menschen ist unantastbar. Sie zu achten und zu schützen ist Verpflichtung aller staatlichen Gewalt.
(2) Das deutsche Volk bekennt sich darum zu unverletzlichen und unveräußerlichen Menschenrechten als Grundlage jeder menschlichen Gemeinschaft, des Friedens und der Gerechtigkeit in der Welt.

Art. 2 GG:

(1) Jeder hat das Recht auf die freie Entfaltung seiner Persönlichkeit, soweit er nicht die Rechte anderer verletzt und nicht gegen die verfassungsmäßige Ordnung oder das Sittengesetz verstößt.
(2) Jeder hat das Recht auf Leben und körperliche Unversehrtheit. Die Freiheit der Person ist unverletzlich. In diese Rechte darf nur auf Grund eines Gesetzes eingegriffen werden.

Art. 6 Abs. 2 GG:

(1) Pflege und Erziehung der Kinder sind das natürliche Recht der Eltern und die zuvörderst ihnen obliegende Pflicht. Über ihre Betätigung wacht die staatliche Gemeinschaft.

Die Formulierungen im Grundgesetz definieren demnach, dass sich die elterlichen Rechte und Pflichten, also das Handeln bzw. das Unterlassen von Handlungen durch Eltern/Personensorgeberechtigte, verbindlich am kindlichen Wohlergehen orientieren müssen. Achten und respektieren diese die (Kinder-)Rechte sowie das kindliche Wohlergehen nicht, so hat der Staat im Sinne des Art. 6 Abs. 2 GG die Aufgabe, sowohl über das Kind selbst als auch über dessen Entwicklung zu wachen. Der Staat trägt Sorge dafür, dass die kindliche Entwicklung keinen Schaden durch körperliche, psychische, sexualisierte Gewalt und/oder Vernachlässigung erleidet. Die nachrangig zu den Eltern agierenden Einrichtungen der Kinder- und Jugendhilfe haben diese Vorgaben ebenfalls uneingeschränkt umzusetzen.

2.3 Der pädagogische Auftrag in Institutionen der Kinder- und Jugendhilfe

In § 1 SGB VIII wird das Recht auf Erziehung, Eigenverantwortung und der (pädagogische) Auftrag der Jugendhilfe definiert:

- § 1 Abs. 1 SGB VIII beschreibt das Entwicklungs- und Erziehungsziel eines jeden Kindes hin zu einer selbstbestimmten, eigenverantwortlichen und gemeinschaftsfähigen Persönlichkeit – und somit auch das pädagogische Ziel, das durch Maßnahmen der Kinder- und Jugendhilfe erreicht werden soll.
- § 1 Abs. 2 SGB VIII bezieht sich auf Art. 6 Abs. 2 GG im Wortlaut und unterstreicht somit nochmals die Bedeutsamkeit in der Zusammenarbeit mit den Eltern/Personensorgeberechtigten zum Wohle des Kindes. Detailliert beschreibt der Gesetzgeber angelehnt an das Ziel der selbstbestimmten, eigenverantwortlichen und gemeinschaftsfähigen Persönlichkeit den (pädagogischen) Auftrag der Kinder- und Jugendhilfe. So sollen Personen und Institutionen Kinder und Jugendliche sowohl in ihrer individuellen Entwicklung unterstützen als auch dazu beitragen, mögliche Benachteiligungen zu vermeiden oder mindestens abzubauen. Auf der Grundlage der UN-Kinderrechtskonvention und der hier im Kapitel vorgestellten rechtlichen Rahmenbedingungen ist es von großer Bedeutung für die kindliche Entwicklung, dass sich die Kinder ihrem Alter und ihrer individuellen Fähigkeiten entsprechend beteiligen können (Bundesministerium für Justiz und Bundesamt für Justiz 1990).

»Eine Übersetzung des gesetzlichen Rahmens in die Praxis bedeutet, dass die pädagogischen Fachkräfte es dem Kind ermöglichen, die eigene Situation selbstbestimmt zu beeinflussen sowie Gedanken auszudrücken. Qualitätsvolle Interaktionen, Kommunikation und die Beteiligung des Kindes im Alltag können Lernprozesse positiv beeinflussen« (Epping & Luthardt 2021, S. 22) und somit der gesetzlichen Forderung gerecht werden. Derzeit scheint die Partizipation von Kindern die pädagogischen Fachpersonen auf Grund von Unsicherheiten in der Umsetzung im pädagogischen Alltag vermehrt eine Herausforderung darzustellen. Frühpädagogische Forschungen zur Beteiligung von Kindern zeigen jedoch, dass es (bereits kleinen) Kindern Freude bereitet, ihre Erfahrungen darstellen und mitteilen zu können (z. B. Venninen & Leinonen 2016; Emilson & Folkesson 2006; Sheridan & Pramling-Samuelsson 2001). Sie haben großes Interesse, ihre Ansichten zu formulieren und sind bereits in jungem Alter in der Lage, ihre Bedürfnisse und Gefühle (verbal und/oder nonverbal) auszudrücken und so aktiv an der Entscheidungsfindung mitzuwirken (Kangas 2016). Damit das gelingen kann, braucht es jedoch unterstützende, förderliche Momente, in denen die pädagogische Fachperson das Kind unterstützt, motiviert, den Krippen- und Kindergartenalltag entschleunigt. Durch interessiertes, zugewandtes Verhalten erleichtert die pädagogische Fachperson jedem Kind die freudvolle, aktive Teilhabe (ebd.).

Neben der Selbstreflexion, einer Kultur des Beobachtens, Ansprechens und einem wertschätzenden, fehlerfreundlichen Miteinander im Team der (pädagogischen) Fachpersonen bedarf es einer intensiven Auseinandersetzung mit der Thematik des grenzachtenden, gewaltfreien Handelns und der Erarbeitung einer fundierten, sich stetig weiterentwickelnden Fachlichkeit (Alle 2012).

Mitgedacht, eingeschätzt & reflektiert:

Fallvignette 4

Nikola, sechs Jahre alt, hat von Geburt an eine zu kleine Blase, so dass sie einen vermehrten Harndrang hat und öfter zur Toilette gehen muss als andere Kinder. Weil es den Eltern unangenehm ist, haben sie das pädagogische Team darüber nicht informiert. Leider schafft Nikola es nicht immer rechtzeitig zur Toilette, so dass sie gelegentlich einnässt. Die Kinder der Löwenzahngruppe sind gerade auf dem Rückweg vom Ausflug zum Stadtpark. Nikola läuft an der Hand der Fachkraft Olli. Sie hat ihn bereits vor dem Loslaufen darauf angesprochen, dass sie dringend zur Toilette müsse. Da aber schon alle Kinder in Zweierreihen aufgestellt waren, meinte Olli, es würde zeitlich nicht mehr passen, zur Toilette zu gehen, weil ja sonst alle anderen auf sie warten müssten. Er sei sich sicher, sie würde es bis zum Kindergarten schaffen. Es sei ja schließlich auch nicht so weit. Nach einigen Metern beginnt Nikola zu zappeln, hält sich die Hand in den Schritt und spricht Olli erneut an: »Olli, das Pipi will unbedingt raus. Ich kann nicht mehr laufen.« Olli antwortet, dass sie aushalten solle, sie seien gleich da. Der Harndrang wird zu groß und Nikolas Hose wird feucht vom Urin. Sie ist traurig und die Situation ist ihr peinlich. Im Kindergarten angekommen, lachen die anderen Kinder, als sie Nikolas eingenässte Hose sehen. Olli sagt: »Oh Mann, Nikola, wie soll das ab Sommer in der Schule nur klappen, wenn du noch nicht mal die paar Minuten aushalten kannst? Geh in den Waschraum und zieh dich um. Vergiss deinen Wechselwäschebeutel nicht.« Er seufzt und schüttelt verständnislos mit dem Kopf.

Impulsfragen

- Welche Momente im Handeln der Fachkraft finden Sie grenzüberschreitend?
- Was sind Ihrer Meinung nach in dieser Fallvignette Merkmale übergriffigen Handelns? Woran erkennen Sie hier übergriffiges, grenzverletzendes Handeln?
- Was könnten mögliche Gründe für das Handeln der Fachkraft sein?
- Wenn Sie die Situation beobachtet hätten, was hätten Sie getan?
- Wie hätte die Situation bedürfnisorientiert und somit zum Wohle des Kindes gestaltet werden können?

Orientierungshilfe

Trotz der Hinweise des Kindes reagiert die Fachperson unangemessen. Das Bedürfnis wird nicht anerkannt, sondern abgewertet, nicht ernst genommen. Durch das unprofessionelle, respektlose Handeln der Fachperson wird dem Kind vermittelt, dass die Bedürfnisse und Interessen des Erwachsenen sowie die der Gruppe priorisiert werden. Die eigene, emotional vermutlich schwer auszuhaltende Situation, bedingt durch den Harndrang und das kindliche Verständnis von Scham, wird durch die Fachperson falsch eingeschätzt bzw. ignoriert. Das Kind fühlt sich missverstanden, abgewertet und lernt, dass die Gruppeninteressen wichtiger sind als die individuellen. Durch das Einnässen und den verständnislosen Kommentar mit begleitendem Kopfschütteln wird das Kind beschämt, vorgeführt, abgewertet und von der Fachkraft vor den Kindern in der Gruppe diskriminiert.

In Anlehnung sowohl an die Weltgesundheitsorganisation (WHO), die sich als unabhängiges, weltweit agierendes Institut u. a. mit dem Wohlbefinden und den (belastenden) Herausforderungen der Menschen auseinandersetzt, dazu forscht und den Nationen Empfehlungen ausspricht, als auch an die UN-KRK kann bezüglich eines grenzachtenden und gewaltfreien Handelns pädagogischer Fachpersonen einem jeden Kind gegenüber zusammenfassend festgehalten werden, dass zu den zentralen Kriterien und Bedürfnisbereichen der Wahrung des Kindeswohls und somit dem kindlichen Wohlergehen

- die Erfüllung des kindlichen Bedürfnisses nach Liebe, Bindung und Welterkundung (Bindungsprinzip),
- das Bedürfnis nach Versorgung, Ernährung und Gesundheitsfürsorge (Förderungsprinzip) sowie
- das Bedürfnis nach Bildung, Erziehung und Vermittlung hinreichender Erfahrungen (Förderungsprinzip) und
- das Bedürfnis nach Schutz vor Gewalt und Gefahren (Bindungsprinzip)

zählen (Zitelmann 2014, S. 429 f.). Die Wahrung des kindlichen Wohlbefindens wird nicht durch einzelne Maßnahmen, sondern durch einen gemeinsamen Einsatz aller am Erziehungsprozess beteiligten Personen (Kind, Eltern/Personensorgeberechtigte, pädagogische Fachpersonen, Lehrpersonen, …) erreicht (Bullinger 2009).

3 Einordung des Themas »grenzachtendes und gewaltfreies pädagogisches Handeln« in berufsethische Maßstäbe der Sozialen Arbeit/Frühpädagogik

Wie in Kapitel 2 ausgeführt, gibt es einen supranationalen (überstaatlichen bzw. internationalen) und einen nationalen rechtlichen Auftrag, das Wohl von Kindern in Einrichtungen der Kinder- und Jugendhilfe zu schützen, für grenzachtendes und gewaltfreies pädagogisches Handeln der Fachkräfte zu sorgen und jedem Verdachtsfall grenzverletzendem und gewalttätigem Handeln durch Fachkräfte nachzugehen. Doch greift diese rechtliche Dimension zu kurz, denn nicht allein aus gesetzlichen Normen leitet sich der Auftrag zu institutionellem Kinderschutz ab. Daneben ist es erforderlich, die Notwendigkeit (ja letztlich Selbstverständlichkeit) zu grenzachtendem und gewaltfreiem pädagogischem Handeln auch aus einer berufsethischen Perspektive zu betrachten.

›Berufsethik‹ bedeutet die Beschreibung des fachlichen Selbstverständnisses, nach der in der sozialpädagogischen Arbeit agiert wird. Damit stellt die Berufsethik den normativen Rahmen sozialpädagogischen Handelns dar, definiert sozusagen den Kodex, der die Profession konstituiert.

Soziale Arbeit ohne berufsethischen Kontext ist beliebig und grenzenlos. Ein berufsethischer Kodex schafft Verlässlichkeit und Handlungssicherheit für Fachkräfte, bietet Orientierung ebenso wie Schutz und Sicherheit für (potenzielle) Adressat*innen.

3.1 Nationale berufsethische Perspektive

Einen ersten Orientierungsrahmen zur berufsethischen Perspektive bieten die *berufsethischen Richtlinien des Deutschen Berufsverbandes für Soziale Arbeit (DBSH)*, die sich zunächst u. a. mit dem Thema »Macht« in der Beziehung zu Adressat*innen beschäftigen und fordern, sich dieser Macht und der davon ausgehenden Gefahren bewusst zu werden:

»Professionelle der Sozialen Arbeit verfügen in der helfenden Beziehung über Macht. Daher muss eine Berufsethik zum professionellen Umgang mit Macht notwendig Stellung nehmen. In einer helfenden Beziehung ist es zielführend, wenn Hilfesuchende der Fachkraft als Person, deren Kompetenzen und der beruflichen Rolle vertrauen und Einfluss verleihen. Problematisch wird Macht dort, wo Professionelle der Sozialen Arbeit Hilfesuchende als Person abwerten, sie manipulieren, ihrer Würde berauben und die eigene Macht als Herrschaftsmittel missbrauchen. Soziale Arbeit muss sensibel mit Macht und Machtstrukturen umgehen. Die Pflicht, gegen Willkür und Unterdrückung einzutreten, leitet sich aus dem vorher Gesagten unmittelbar ab. Soziale Arbeit steht im Spannungsfeld, wo Macht in Gewalt überzugehen droht. In manchen Arbeitssituationen führt dies zu einem Dilemma, das fachlich und ethisch reflektiert werden muss. Die Soziale Arbeit distanziert sich auf Grund ihrer Ethik von Gewalt. Die gegenseitig respektierende Anerkennung des oder der anderen, die ausgleichend gerechte Kooperation der Menschen untereinander und gerechte Sozialstrukturen sind existenzielle Voraussetzungen für eine intakte Gesellschaft unter Anerkennung der Menschenrechte« (DBSH 2014).

Hiermit wird deutlich, dass die Bewusstwerdung der Gefahren, die aus der Macht Professioneller entstehen können, Gegenstand ständiger und fortlaufender Reflexion von Fachkräften sein muss, um bedrohliche Situationen zu identifizieren und die richtigen Schlüsse daraus zu ziehen. Ziel muss es sein, einen Machtmissbrauch zu vermeiden.

Dies gilt insbesondere in der Arbeit mit vulnerablen (verletzlichen, schutzbedürftigen) Zielgruppen. Kinder im Vorschulalter sind auf Grund ihres Entwicklungsstandes, ihres Sprachvermögens und ihrer körperlichen Verletzlichkeit besonders gefährdet, Opfer solcher Machtstrukturen zu werden. Dies erfordert eine besonders hohe Sensitivität von Fachkräften, eigenes Handeln stets kritisch zu reflektieren. Dies macht aber auch auf kollegialer Ebene eine »Kultur des Hinsehens« und eine Feedbackkultur notwendig, die es ermöglicht, sich im kollegialen Rahmen auf irritierende Situationen und Beobachtungen anzusprechen und solche Situation als Chance zur institutionellen Weiterentwicklung zu verstehen.

Mitgedacht, eingeschätzt & reflektiert:

Fallvignette 5

Voller Stolz hüpfend und mit einem Strahlen im Gesicht kommt die vierjährige Anna um kurz vor 09:00 Uhr aus dem Flur in die Gruppe gehüpft. Im Singsang sprechend zeigt sie ihrer pädagogischen Fachkraft Gabriella einen Frühstückssnack: »Schau mal, Gabriella. Den ›Fruchtquetschi‹ hat Mama mir heute mitgegeben. Der schmeckt so lecker!« Gabriella antwortet darauf: »Oh nein, was ist das denn? Da ist doch viel zu viel Zucker drin. Gib mal her. Ich leg' es weg. Das kannst du meinetwegen zu Hause trinken.« Anna dreht sich mit hängenden Schultern, eingezogenem Kopf und Tränen in den Augen um.

Impulsfragen

- Welche Momente im Handeln der Fachkraft finden Sie grenzüberschreitend?
- Was sind Ihrer Meinung nach in dieser Fallvignette Merkmale übergriffigen Handelns? Woran erkennen Sie hier übergriffiges, grenzverletzendes Handeln?
- Was könnten mögliche Gründe für das Handeln der Fachkraft sein?
- Wenn Sie die Situation beobachtet hätten, was hätten Sie getan?
- Wie hätte die Situation bedürfnisorientiert und somit zum Wohle des Kindes gestaltet werden können?

Orientierungshilfe

In dieser Situation wird ein »Stellvertreter*innen-Konflikt« aufgezeigt. Das Kind bringt ein Lebensmittel mit in den Kindergarten, das scheinbar nicht zu den Absprachen eines »ausgeglichenen, gesunden« Frühstücks passt. Durch die Aussagen der Fachkraft wird das Kind beschämt und verunsichert. Die Emotionen des Kindes werden nicht aufgegriffen. Auch die Erklärung zum Lebensmittel ist negativ besetzt und die Fachkraft dramatisiert die Situation. Die Traurigkeit des Kindes, die sich durch die hängenden Schultern und den traurigen Blick zeigen, wird verbal nicht aufgegriffen. Das Kind wird in seiner Enttäuschung weder angesprochen noch begleitet. Hier wäre es sinnvoll, die Vorfreude des Kindes über die geschätzte Mahlzeit zu teilen und gemeinsam nach einem Kompromiss – einer guten Lösung – zu suchen. Alternativen könnten hier sein, zu hinterfragen, was das Kind am mitgebrachten Lebensmittel besonders schätzt, gemeinsam die Inhalte anzuschauen und ggf. (falls es die Zeit zulässt) in die Küche zu gehen und einen eigenen Früchtemix zu pürieren. Möglicherweise können aber auch Alternativen wie ein Joghurt, ein Knäckebrot oder andere Lebensmittel mit dem Kind ausgesucht werden. In der Abholsituation könnte das Thema mit der Mutter besprochen werden. Wichtig hierbei ist ein wertschätzender, interessierter Dialog. Es sollte vermieden werden, die Mutter vorwurfsvoll anzusprechen. Vielmehr gilt es, die Situation verstehen zu wollen und auch hier gemeinsam nach einer guten Lösung für alle Beteiligten zu suchen. So können alle Bedürfnisse und Interessen der Beteiligten zukünftig Berücksichtigung finden.

Letztlich muss aber auch jeder Fachkraft klar sein, dass der Schutz der ihnen anvertrauten Kinder höher wiegt als kollegiale Loyalitäten. Konkreter fordert der DBSH die Angehörigen sozialpädagogischer Berufe auf, sich parteiisch an die Seite gefährdeter Adressat*innen zu stellen und diese zu schützen:

> »Die Professionsangehörigen begegnen den Menschen mit Respekt und schützen die Menschen vor Angriffen, Schikanen, menschenunwürdigen Interventionen und Aktionen« (DBSH 2014).

Dies greift nochmals auf, dass es dem Selbstverständnis Sozialer Arbeit innewohnt, immer die schwächsten (vulnerabelsten) Akteur*innen in den Fokus eigenen Handelns und in den Fokus des eigenen Schutzauftrags zu stellen.

3.2 Internationale berufsethische Perspektive

Da es in Deutschland keinen eigenen ethischen Kodex für frühpädagogische Fachkräfte gibt (was bedauerlich ist!), lohnt sich eine internationale Perspektive: Bereits 1989/1990 haben die australische »Early Childhood Australia« und die amerikanische »National Association for the Education of Young Children« (NAEYC) – beides Fachverbände für Frühpädagogik – gemeinsam einen berufsethischen Kodex für frühpädagogische Fachkräfte entwickelt und diesen kontinuierlich fortgeschrieben: *Code of Ethical Conduct and Statement of Commitment – A position statement of the NAEYC.* Dort wird klar Position zum Schutz von Kindern – auch in Einrichtungen der Kinder- und Jugendhilfe – bezogen:

Zunächst führt dieser ethische Kodex Ideale zur professionellen pädagogischen Arbeit mit Kindern im Vorschulalter aus:

- [...]
- To recognize and respect the unique qualities, abilities, and potential of each child.
- To appreciate the vulnerability of children and their dependence on adults.
- To create and maintain safe and healthy settings that foster children's social, emotional, cognitive, and physical development and that respect their dignity and their contributions.
- [...]
- To support the right of each child to play and learn in an inclusive environment that meets the needs of children with and without disabilities.
- To advocate for and ensure that all children, including those with special needs, have access to the support services needed to be successful.
- [...] (Early Childhood Australia 2005, S. 1)

Neben der Forderung, die Vulnerabilität von Kindern wahrzunehmen, wird in diesem Kodex deutlich für die parteiische Perspektive der Fachkräfte für die Belange und das Wohl von Kindern (»to advocate ...«) hingewiesen. Parteiisch für das Wohl von Kindern zu sein, definiert die Rolle von frühpädagogischen Fachkräften und stellt sich bewusst gegen Prinzipien wie »Neutralität« und »Allparteilichkeit«. Damit ist ein klarer Rahmen für den institutionellen Kinderschutz gesetzt, der das Wohl und die Rechte der betreuten Kinder in den Mittelpunkt stellt.

3 Einordnung in berufsethische Maßstäbe der Sozialen Arbeit/Frühpädagogik

Konkreter formuliert der Kodex dann Handlungsprinzipien, die sich aus diesen Idealen ableiten lassen:

- Above all, we shall not harm children. We shall not participate in practices that are emotionally damaging, physically harmful, disrespectful, degrading, dangerous, exploitative, or intimidating to children. This principle has precedence over all others in this Code.
- We shall care for and educate children in positive emotional and social environments that are cognitively stimulating and that support each child's culture, language, ethnicity, and family structure.
- We shall not participate in practices that discriminate against children by denying benefits, giving special advantages, or excluding them from programs or activities on the basis of their sex, race, national origin, immigration status, preferred home language, religious beliefs, medical condition, disability, or the marital status/family structure, sexual orientation, or religious beliefs or other affiliations of their families. (Aspects of this principle do not apply in programs that have a lawful mandate to provide services to a particular population of children.)
- [...]
- We shall use appropriate assessment systems, which include multiple sources of information, to provide information on children's learning and development. We shall be familiar with the risk factors for and symptoms of child abuse and neglect, including physical, sexual, verbal, and emotional abuse and physical, emotional, educational, and medical neglect. We shall know and follow state laws and community procedures that protect children against abuse and neglect.
- When we have reasonable cause to suspect child abuse or neglect, we shall report it to the appropriate community agency and follow up to ensure that appropriate action has been taken. When appropriate, parents or guardians will be informed that the referral will be or has been made.
- When another person tells us of his or her suspicion that a child is being abused or neglected, we shall assist that person in taking appropriate action in order to protect the child.
- When we become aware of a practice or situation that endangers the health, safety, or well-being of children, we have an ethical responsibility to protect children or inform parents and/or others who can. (ebd., S. 3)

Herausgestrichen wird hiermit die berufsethische Verpflichtung zu grenzachtendem und gewaltfreiem Handeln und zur Handlungspflicht frühpädagogischer Fachkräfte immer da, wo diese Prinzipien verletzt werden. Allen Fachkräften im frühpädagogischen Bereich muss klar sein, dass Nichthandeln in Verdachtsfällen von institutioneller Kindeswohlgefährdung nicht nur rechtswidrig ist, sondern auch ein Verstoß gegen das berufsethische Fundament darstellt.

3.3 Zwischenfazit

Pädagogisches Handeln ohne berufsethisches Fundament ist nicht professionell und gefährdet die Adressat*innen. Gewaltfreies und grenzachtendes Handeln fußt unmittelbar auf den berufsethischen Prinzipien sozialpädagogischen Handelns, die damit – neben der rechtlichen Grundlage – unmittelbar den Auftrag an Fachkräfte erteilen, Kinder im institutionellen Kontext zu schützen.

Eine nationale Entwicklung eines frühpädagogischen berufsethischen Kodex könnte hier eine wichtige Grundlage bilden, um Entwicklung zu ermöglichen. Allerdings kann auch jede Einrichtung und jeder Träger im Rahmen der eigenen Konzeptentwicklung entsprechende Maßstäbe definieren.

4 Institutioneller Kinderschutz geht alle an – ein akteursübergreifendes Modell

Hin und wieder wird in Medien über Verstöße gegen den Schutz von Kindern in (elementar-)pädagogischen Institutionen berichtet, vor allem dann, wenn Kinder gravierende Übergriffe – sogar bis hin zum Tod – erleben müssen. Der Fall »Greta«, bei dem ein Kind in einer nordrheinwestfälischen KiTa während der Mittagsruhe erstickt wurde, kann beispielhaft angeführt werden. Solche fatalen Ereignisse markieren in aller Deutlichkeit die Schwachstellen in der Umsetzung von institutionellem Kinderschutz (Epping & Luthardt 2021).

Nach Hildebrandt et al. (2021) sind allerdings auch im institutionellen Praxisalltag grenzüberschreitende, kindeswohlgefährdende und partizipationshemmende Situationen zu beobachten, die auf das Fehlen von geeigneten Präventionsinstrumenten bzw. auf professionell handelnde Fachkräfte hinweisen. Folgende Situationen aus dem pädagogischen KiTa-Alltag zeigen dies eindrücklich.

Mitgedacht, eingeschätzt & reflektiert:

Fallvignette 6

Alle Kinder der Maulwurfgruppe sind auf dem Außengelände zum Spielen. Der bisherige Vormittag war recht unruhig. Die vierjährige Marina, die als Kind mit Behinderungen inklusiv betreut wird, spricht kaum. Die Kontaktaufnahme zu anderen Kindern stellt sie in der Regel über Beißen, Schubsen und das Umstoßen, Werfen oder Wegnehmen von Spielzeugen her. Im Laufe des Vormittags hat sie bereits mehrfach die Aufmerksamkeit der Fachkräfte benötigt. Lisette und Karla, die Fachkräfte der Gruppe, unterhalten sich, wie das Mittagessen und der

Nachmittag für alle gut funktionieren können. Plötzlich hören sie, wie die Kollegin Janett am Sandkasten laut mit Marina spricht. Dann sehen sie, wie Janett Marinas rechten Arm greift, sie aus dem Sandkasten hebt. Das Kind vor sich her schubsend sagt sie: »Na, wie fühlt sich das an, wenn man geschubst wird? Das ist nicht schön, oder? So fühlt sich das an, wenn du andauernd andere Kinder schubst!« Marina weint.

Impulsfragen

- Welche Momente im Handeln der Fachkraft finden Sie grenzüberschreitend?
- Was sind Ihrer Meinung nach in dieser Fallvignette Merkmale übergriffigen Handelns? Woran erkennen Sie hier übergriffiges, grenzverletzendes Handeln?
- Was könnten mögliche Gründe für das Handeln der Fachkraft sein?
- Wenn Sie die Situation beobachtet hätten, was hätten Sie getan?
- Wie hätte die Situation bedürfnisorientiert und somit zum Wohle des Kindes gestaltet werden können?

Orientierungshilfe

In der beschriebenen Situation handelt die pädagogische Fachkraft übergriffig und grenzüberschreitend. Sie erkennt die Beeinträchtigungen des Kindes nicht an, wertet die Versuche einer möglichen Kontaktaufnahme durch das Kind zu anderen Kindern als Übergriff auf die Peers. Sie begleitet das Kind nicht in eine Spielsituation, in der es dann inkludiert mitspielen kann. Es wird nicht sprachlich, interessiert begleitet. Das Kind erfährt Diskriminierung und Exklusion. Wird es immer wieder mit ähnlichen Situationen konfrontiert, so wird das Selbstwertgefühl, das Selbstbild des Kindes negativ beeinflusst. Es bekommt vermittelt, es sei weniger wert. Diese Selbstzweifel können das Wohl des Kindes beeinträchtigen und sich auf die (emotionale) Entwicklung – bis ins Erwachsenenalter – auswirken.

Das Schubsen des Kindes nebst manipulierenden Fragen, wie es sich anfühle, ob es auch so behandelt werden wolle, ist diskriminierend, respektlos, übergriffig, machtvoll und vorführend. Die Fachperson dramatisiert die Situation, interpretiert das Verhalten als störend. Sinnvoll wäre es gewesen, in dem Moment mit den Kindern ins Gespräch zu kommen, nachzufragen, die jeweiligen Perspektiven zu erfragen, verstehen zu wollen, den Emotionen der Kinder Worte zu geben und Kompromisse auszuhandeln.

Erstaunlich und bedenkenswert ist auch, dass keine der weiteren Kolleg*innen unterstützend eingegriffen hat bzw. deeskalierend zur Situation hinzugekommen ist. Alle Kinder erfahren dadurch, dass das diskriminierende, übergriffige Handeln normal und akzeptiert ist.

Fallvignette 7

Die Fachkräfte Ingeborg und Andreas besprechen gerade, wer welche Aufgaben am Nachmittag übernimmt. Der 20 Monate alte Luis läuft mit seinem Lieblingsspielzeug, dem Holzbagger, vom Bauteppich zur Fensterbank. Dort spielt er gerne und fährt den Bagger stundenlang hin und her. Plötzlich niest er. Weil er schon einige Tage leicht erkältet ist, rinnt ihm der entzündete, gelbgrüne Nasenschleim bis über die Oberlippe. Er öffnet den Mund und will mit seiner Zunge den Schleim ablecken. Bevor es dazu kommt, ruft Andreas laut durch die Gruppe: »Oh nein, Luis, du Mausezahn, das ist ja ekelig, iiiiiiiiiiih!«, greift nach einem Papiertaschentuch und putzt Luis den Kopf haltend die Nase.

Impulsfragen

- Welche Momente im Handeln der Fachkraft finden Sie grenzüberschreitend?
- Was sind Ihrer Meinung nach in dieser Fallvignette Merkmale übergriffigen Handelns? Woran erkennen Sie hier übergriffiges, grenzverletzendes Handeln?
- Was könnten mögliche Gründe für das Handeln der Fachkraft sein?
- Wenn Sie die Situation beobachtet hätten, was hätten Sie getan?
- Wie hätte die Situation bedürfnisorientiert und somit zum Wohle des Kindes gestaltet werden können?

Orientierungshilfe

Vermutlich handelt die Fachkraft auf Grund des eigenen Ekels oder auch auf Grund von gesellschaftlichen Konventionen sowie dem Schutz der anderen Kinder. Dennoch ist das Verhalten grenzwertig. Zum einen wird laut durch den Gruppenraum gerufen, so dass das Kind eine Abwertung, Beschämung und ein Vorführen vor der Gruppe erlebt. Zum anderen wird das Machtgefälle zu Gunsten des Erwachsenen durch die Nutzung eines Kosenamens gestützt. Das ungefragte Festhalten des Kopfes (Fixierung) stellt ein weiteres Merkmal übergriffigen, grenzverletzenden Handelns dar.

Im Sinne des kindlichen Wohlbefindens wäre ein responsives Handeln wünschenswert gewesen. Die Fachkraft hätte zu dem Kind laufen sollen, ggf. bereits mit einem (Papier-)Taschentuch in den Händen. Das Kind hätte in den Prozess des Entfernens vom Nasenschleim beteiligt werden können, in dem es das (Papier-)Taschentuch holt, indem es das Gesicht eigenständig reinigt und die Fachkraft es sowohl bei der Handlung unterstützend zur Seite steht als auch sprachlich begleitet. Berührungen am Körper sowie das Handeln durch die Fachperson sollte angekündigt und die Zustimmung des Kindes abgewartet werden (außer es ist Gefahr im Vollzug).

Fallvignette 8

Endlich ist es so weit. Alle Kinder sitzen auf den Kissen. Der Sitzkreis kann beginnen. Für heute haben sich die pädagogischen Fachkräfte Uta und Marlene vorgenommen, dass ein Bilderbuch gezeigt wird. Schon während Marlene die erste Seite vorliest, beginnen Lukas und Ida zu hampeln. Uta ermahnt die zwei. Nach kurzer Zeit kichern die beiden erneut. Marlene stoppt beim Lesen.»Wenn ihr nicht leise sein könnt, dann ist für euch Ende. In der Schule müsst ihr auch zuhören und sitzenbleiben. Also bitte seid leise.« Lukas und Ida schauen betreten zu Boden. Marlene liest weiter. Für einige Minuten sind alle konzentriert, dann rutscht Ida auf die Knie und legt sich auf den Bauch. Lukas macht es ihr nach. Uta steht auf, nimmt die beiden am Arm und sagt:»Jetzt reicht's. So geht das hier nicht. Wer nicht zuhören kann, der braucht auch gar nicht erst dabei zu sein.« Sie fasst beide am Arm und bringt sie in den Nebenraum, legt ihnen jeweils ein Puzzle hin und sagt: »Das könnt ihr jetzt mal machen und nachdenken.« Danach geht sie zum Sitzkreis zurück und schließt dabei die Nebenraumtür. Lukas und Ida beginnen schweigend zu puzzeln.

Impulsfragen

- Welche Momente im Handeln der Fachkraft finden Sie grenzüberschreitend?
- Was sind Ihrer Meinung nach in dieser Fallvignette Merkmale übergriffigen Handelns? Woran erkennen Sie hier übergriffiges, grenzverletzendes Handeln?
- Was könnten mögliche Gründe für das Handeln der Fachkraft sein?
- Wenn Sie die Situation beobachtet hätten, was hätten Sie getan?
- Wie hätte die Situation bedürfnisorientiert und somit zum Wohle des Kindes gestaltet werden können?

Orientierungshilfe

In dieser Situation fällt zunächst auf, dass scheinbar alle Kinder an der geplanten Aktivität teilnehmen müssen. Es stellt sich die Frage, ob die Kinder sich im Sinne der Partizipation freiwillig zur Teilnahme entschieden haben oder ob es Wahlmöglichkeiten (wie z. B. in den Turnraum gehen) gegeben hat. Sollte es keine Wahlmöglichkeiten gegeben haben, so wird über die Köpfe der Kinder hinweg entschieden. Die Kinder lernen, dass sie, ihre Interessen und Bedürfnisse weniger wert sind. Hier gilt es hinzusehen.

Darüber hinaus reagieren beide Fachkräfte grenzverletzend. Die vorlesende Fachperson ermahnt und beschämt die Kinder, fühlt sich gestört, dramatisiert die Situation. Durch die Aussage, dass in der Schule »stillgesessen werden muss«, schürt sie Ängste und Unsicherheiten bei den Kindern, da diese kein eigenes Wissen vom Schulalltag haben. Das kann sich negativ auf die kindliche Vorfreude auswirken. Es bleibt ebenso kritisch zu hinterfragen, ob ein Zuhören auf dem Bauch liegend weniger effektiv ist als das Zuhören im Sitzen. Übergriffig und grenzverletzend ist das Handeln der zweiten Fachkraft. Diese greift den Kindern impulsiv unter die Arme, zieht die Kinder an den Armen in den Nebenraum, setzt sie an einen »Straftisch« zum Puzzeln (Disziplinierungsmaßnahme) und entzieht den Kindern durch das Schließen der Tür die Freiheit. Den Kindern wird in der Eile der Zeit vermutlich nicht bewusst, was sie falsch gemacht haben oder was der Anlass der Fachkraftreaktion war.

Sinnvoll wäre es gewesen, bereits mit den Kindern im ersten Moment fragend ins Gespräch zu kommen und in Ich-Botschaften zu sprechen: »Was ist los? Ich habe das Gefühl, ihr habt keine Lust? Möchtet ihr etwas Anderes machen? Welche Ideen habt ihr?« Durch ein solches Handeln erfahren die Kinder, dass ihre Interessen und Bedürfnisse gesehen, anerkannt werden. Gleichzeitig erfahren sie aber auch, dass die Gruppe Interessen und Bedürfnisse hat, die miteinander konkurrieren und zu denen eine Lösung, ein Kompromiss ausgehandelt werden muss.

Die Kinder zum Nachdenken alleine in einen Raum zu setzen, ist grenzüberschreitend und wenig zielführend. Kinder leben im Hier und Jetzt und benötigen die Unterstützung von interessierten, zugewandten Fachkräften, die die erlebte Situation miteinander besprechen, nachfragen und die unterschiedlichen Perspektiven benennen.

Damit das Wohlergehen der Kinder gesichert werden kann, ist seitens der pädagogischen Fachkräfte Fachwissen erforderlich. Als rahmenbildende Definition zum grenzachtenden, partizipationsfördernden, kindeswohlsichernden Verhalten im institutionellen Kontext kann nach Maywald (2008, S. 40) gesagt werden, dass es »ein am Wohl des Kindes ausgerichtetes Handeln ist, welches an den Grundbedürfnissen von Kindern orientiert ist«. Neben dem Grundgesetz, das jedem Menschen die unantastbare Würde zuschreibt, kann gesagt werden, dass das Kindeswohl als der Leitgedanke des deutschen Kindschaftsrechts gesehen wird (Zittelmann 2014). Dieser Leitgedanke bzw. dieses Leitprinzip verpflichtet alle in der Kinder- und Jugendhilfe tätigen Personen dazu, jedes einzelne Kind individuell zu betrachten, kindzentriert vorzugehen und individuelle Lösungen zu entwickeln. Der Fokus liegt demnach bei der Person des Kindes, dessen individuellen Bedürfnissen, Interessen, Wünschen, Sorgen und Ängsten sowie der Wahrung des kindlichen Wohlbefindens und dem Schutz des Kindes (ebd.).

Zu den zentralen Kriterien und Bedürfnisbereichen der Wahrung des Kindeswohls (▶ Abb. 1) und somit dem kindlichen Wohlergehen zählen – angelehnt an die UN-KRK und die WHO – die Erfüllung des kindlichen Bedürfnisses nach Liebe, Bindung und Welterkundung, das Bedürfnis nach Schutz vor Gewalt und Gefahren (Zittelmann 2014, Bullinger 2009).

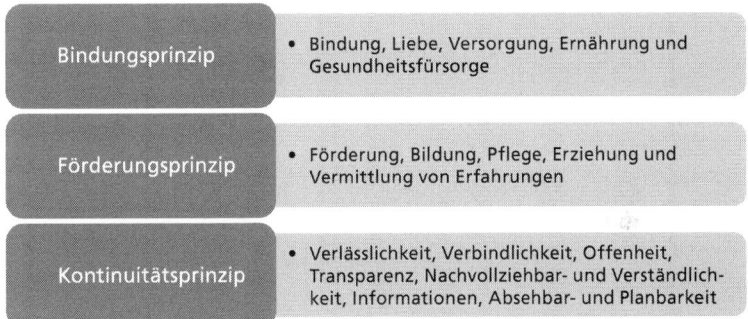

Abb. 1: Zentrale Kriterien und Bedürfnisbereiche der Wahrung des Kindeswohls (Zittelmann 2014, Bullinger 2009)

Damit die Kinder sich geschützt fühlen und ihr Wohlergehen gesichert wird, bedarf es der Fähigkeiten seitens der pädagogischen Fachkräfte, die Bedürfnisse und Interessen der Kinder zu erkennen und darauf angemessen und entwicklungsfördernd zu reagieren. Eine verbindliche Grundversorgung des Kindes, der Schutz vor Gefahren, fürsorgliches sowie responsives Handeln sind die Voraussetzung, um das Bindungsprinzip im Alltag pädagogischer Einrichtungen zu gewährleisten. Hierzu zählen beispielsweise Nahrung, Schlaf, Verständnis, wertschätzende, respektvolle, haltgebende Beziehungen und Freundschaften (Hermann et al. 2016, Zittelmann 2014).

Mitgedacht, eingeschätzt & reflektiert:

Fallvignette 9

Es ist kurz vor 07:30 Uhr an einem kalten Wintermorgen. In der Nacht hat es wieder gefroren. Die ersten Kinder sind gemeinsam mit den

Fachkräften Juliane und Celina bereits in der Begrüßungsgruppe des Kindergartens. Plötzlich hören alle ein Kind laut im Flur weinen. Juliane geht in den Flur, um nachzusehen. Dabei erblickt sie Justus, der in seinem Buggy sitzt und weint. Seine Mutter steht dahinter. Die Fachkraft beugt sich zu Justus herunter und sagt zu ihm: »Was ist denn jetzt schon wieder los? Jetzt hör doch mal zu weinen auf!«

Impulsfragen

- Welche Momente finden Sie hier grenzüberschreitend, kindeswohlgefährdend?
- Was sind Ihrer Meinung nach in dieser Fallvignette Merkmale gefährdenden Handelns? Woran erkennen sie es?
- Was könnten mögliche Gründe für das Handeln der Erwachsenen sein?
- Wenn Sie die Situation beobachtet hätten, was hätten Sie getan?
- Wie hätte die Situation bedürfnisorientiert und somit zum Wohle des Kindes gestaltet werden können?

Orientierungshilfe

Es ist in dieser Situation überhaupt nicht klar, warum das Kind weint. Ist ihm kalt? Kann es sich schlecht von der Mutter lösen? Die Fachkraft sollte bedürfnisorientiert handeln und zunächst die Mutter fragen, was das Kind belastet bzw. was vor dem Ankommen in der Einrichtung war. Danach sollte bedürfnisorientiert auf das Verhalten des Kindes reagiert werden: Trost, Hilfe beim Ankommen, Hinführung zu einer Tätigkeit oder in den Kontakt mit anderen Kindern wären sicher ein guter Weg, dem Kind in dieser Situation zu helfen

Fallvignette 10

Irfanek hat gerade seinen zweiten Geburtstag gefeiert. Es ist ein aufregender und anstrengender Morgen für ihn gewesen. Mittlerweile ist es 12:15 Uhr und damit Zeit zum Mittagessen. Heute gibt es Kartoffeln mit Fisch und Gemüse. Jendrik, die pädagogische Fachkraft, füttert den

Jungen, der sich immer wieder die Augen vor Müdigkeit reibt. Während Jendrik kurz einem anderen Kind hilft, fallen Irfanek die Augen zu und sein Kopf neigt sich nach vorn, so dass er auf dem Teller im Essen liegt. »Och, nö, Irfanek!«, sagt Jendrik. »Nicht schon wieder! Aufwachen!« Jendrik schüttelt Irfanek an der Schulter, so dass er erwacht. »Wir essen noch. Schlafen kannst du später. Mach' mal den Mund auf!« Er piekst mit der Gabel eine Kartoffel auf und führt sie zu Irfaneks Mund. Dieser presst die Lippen aufeinander und dreht den Kopf zur Seite. Jendrik greift nach dem Kinn des Jungen, dreht das Gesicht zu sich und stößt mit der Gabel immer wieder vor die von Irfanek zusammengekniffenen Lippen. »Mach' den Mund auf!«, ermahnt Jendrik erneut. Irfanek beginnt zu schluchzen, als Jendrik ihm den Kiefer mit Zeigefinger und Daumen öffnet und die Kartoffel in den Mund einführt. Nachdem er die Gabel aus dem Mund des Kindes gezogen hat, hält er mit der eigenen Hand den Mund des Kindes verschlossen. Dabei sagt er: »Und jetzt schön kauen.«

Impulsfragen

- Welche Momente im Handeln der Fachkraft finden Sie grenzüberschreitend?
- Was sind Ihrer Meinung nach in dieser Fallvignette Merkmale übergriffigen Handelns? Woran erkennen Sie hier übergriffiges, grenzverletzendes Handeln?
- Was könnten mögliche Gründe für das Handeln der Fachkraft sein?
- Wenn Sie die Situation beobachtet hätten, was hätten sie getan?
- Wie hätte die Situation bedürfnisorientiert und somit zum Wohle des Kindes gestaltet werden können?

Orientierungshilfe

In dem hier beschriebenen Beispiel wird seitens der Fachperson mehrfach übergriffig und grenzüberschreitend gehandelt. Einerseits wird das kindliche Bedürfnis nach Schlaf und Ruhe missachtet, organisatorische Abläufe priorisiert. Selbst das Einnicken und das daraus resultierende Vorneigen des Kopfes veranlasst die Fachkraft nicht, das Kind zum

Schlafen in den Ruheraum zu bringen. Stattdessen wird das Kind an den Schultern gefasst, geschüttelt. Der Widerstand des Kindes, nicht mehr essen zu wollen, wird gebrochen, indem dem Kind sprachlich direktive, machtvolle, grenzverletzende Handlungsanweisungen gegeben werden. Die Emotionen des Kindes ignorierend zwingt die Fachkraft das Kind zu essen und unterstützt ihre Maßnahme mit dem gewaltvollen Öffnen des Mundes und dem Einführen des Essens. Das Kind ist dieser Vorgehensweise machtlos ausgeliefert.

Das Förderungsprinzip umfasst alle Merkmale, die die kindliche Entwicklung fördern und fordern. Hierzu zählen die Bildung, Pflege und Erziehung des Kindes, aber auch eine verlässliche Betreuung und die Vermittlung von Erfahrungen. Das heißt, dass sich die pädagogischen Fachkräfte den Kindern als Ansprech- und Bindungspersonen anbieten, die Kinder ermutigen, anregen und anleiten. Wenn die Kinder ermutigt werden, dann trauen sie sich mehr zu. Der Wortwahl kann hier eine besondere Rolle zugeschrieben werden: »Du schaffst das!« oder »Ich glaube, du bekommst das hin. Trau' dich. Ich bin da und helfe dir, wenn du mich brauchst« wirken sich positiv auf das kindliche Zutrauen in sich selbst aus. »Als würdest du das schaffen!«, »Dafür bist du noch zu klein. Komm da mal weg. Das lernst du später noch« oder »War ja klar, dass dir das wieder passieren muss, du Tollpatsch. Du hast halt zwei linke Hände!« vermitteln das Gegenteil, entmutigen das Kind und sollten im Sinne eines professionellen pädagogischen Handwerkszeugs von Fachkräften nicht genutzt werden (Hermann et al. 2016, Zittelmann 2014).

Verlässlichkeit, Verbindlichkeit, Offenheit, Transparenz, Nachvollziehbar- und Verständlichkeit, Informationen, Absehbarkeit und Planbarkeit sind im Kontinuitätsprinzip anzusiedeln (Zittelmann 2014, Bullinger 2009). Hier ist das Bewusstsein grundlegend, dass für die pädagogischen Fachkräfte die Regeln und Absprachen gleichermaßen gelten wie für die Kinder und Jugendlichen.

Wurde vereinbart, dass in der gesamten Einrichtung keine Straßenschuhe, sondern nur Hausschuhe, Schlappen, Stoppersocken, Turnschläppchen oder Ähnliches getragen werden, so dürfen nicht nur die Kinder bei einem Regelverstoß darauf aufmerksam gemacht werden. Auch für die pädagogischen Fachkräfte gilt es, das Schuhwerk gegen Hausschuhe zu tauschen. Damit das Kind sich auf Situationen im pädagogischen Alltag einstellen kann, sollte die Fachkraft frühzeitig informieren, ihr Vorgehen sprachlich begleiten und die Handlungen ankündigen. Darüber hinaus ist es im Sinne sowohl des Kontinuitätsprinzips als auch einer guten, professionellen Qualität wichtig, dass die pädagogische Fachkraft ihre Entscheidungen und Tätigkeiten (im Vorhinein) erklärt, so dass diese für die Kinder transparent und nachvollziehbar werden (Pölzl-Stefanec & Epping 2023, Epping & Barta 2022, Walter-Laager et al. 2018).

Mitgedacht, eingeschätzt & reflektiert:

Fallvignette 11

Daniel, die pädagogische Fachkraft, läuft gerade von einer Besprechung mit der Einrichtungsleitung aus dem Büro durch den Flur zurück in die Gruppe. Vor ihm geht die fast dreijährige Ardea in Gedanken versunken. Mit den Fingern der rechten Hand fühlt Ardea die Struktur des Wandbelags. Sie summt. Daniel schleicht sich an, bleibt hinter ihr stehen, beginnt, sie zu kitzeln, hebt sie an und sagt: »Buuh, da hab' ich dich.« Er lacht, während Ardea erschrocken zusammenzuckt.

Impulsfragen

- Welche Momente im Handeln der Fachkraft finden Sie grenzüberschreitend?
- Was sind Ihrer Meinung nach in dieser Fallvignette Merkmale übergriffigen Handelns? Woran erkennen Sie hier übergriffiges, grenzverletzendes Handeln?
- Was könnten mögliche Gründe für das Handeln der Fachkraft sein?
- Wenn Sie die Situation beobachtet hätten, was hätten Sie getan?
- Wie hätte die Situation bedürfnisorientiert und somit zum Wohle des Kindes gestaltet werden können?

Orientierungshilfe

Das Kind ist in die eigene Tätigkeit vertieft und in Gedanken versunken. Überraschend und unangekündigt fasst die Fachkraft das Kind von hinten an, kitzelt es und hebt es hoch. Hierdurch wird grenzüberschreitend gehandelt. Neben dem Schreck konnte das Kind der Situation und der körperlichen Nähe nicht zustimmen bzw. dies ablehnen. Das Bedürfnis des Kindes (entspanntes Nachspüren der Wandstruktur) wurde übergangen, ignoriert. Was wie ein gemeinsamer Spaß ausschaut, beinhaltet dennoch ein grenzverletzendes, erwachsenenorientiertes Handeln.

Fallvignette 12

Die pädagogische Fachkraft Ella steht mit ihrer Kollegin Frederike am Sandkasten. Sie unterhalten sich. Fangen spielend rennt Salia an ihnen vorbei. In den lockigen Haaren haben sich Blätter beim Spielen und Kriechen durch die Büsche verfangen. Ella greift nach Salias Arm und sagt: »Stopp! Stopp! Wie siehst du denn schon wieder aus?« Salia schaut zu ihr empor. Ella fährt mit ihrer Hand durch die Haare des Kindes und entfernt unkommentiert die Blätter. Als sie alle Blätter aus den Haaren entfernt hat, sieht sie Salia an und spricht: »Beim nächsten Mal vielleicht einfach nicht durch die Büsche. Du weißt doch, dass sich die Blätter in deiner wilden Löwenmähne verfangen. Dann muss ich die wieder rausziehen. Rennt am besten einfach auf dem Weg.« Salia nickt, dreht sich um und läuft zu den anderen Kindern davon.

Impulsfragen

- Welche Momente im Handeln der Fachkraft finden Sie grenzüberschreitend?
- Was sind Ihrer Meinung nach in dieser Fallvignette Merkmale übergriffigen Handelns? Woran erkennen Sie hier übergriffiges, grenzverletzendes Handeln?
- Was könnten mögliche Gründe für das Handeln der Fachkraft sein?
- Wenn Sie die Situation beobachtet hätten, was hätten Sie getan?

4 Institutioneller Kinderschutz – ein akteursübergreifendes Modell

- Wie hätte die Situation bedürfnisorientiert und somit zum Wohle des Kindes gestaltet werden können?

Orientierungshilfe

Die pädagogische Fachkraft unterbricht das Spiel der Kinder, ruft eines der Kinder mit direktiver Handlungsanweisung zu sich. Unangekündigt und ohne das Einverständnis des Kindes einzuholen, wird dem Kind in die Haare gegriffen, um Blätter zu entfernen. Des Weiteren wird das Kind beschämt (Löwenmähne) und durch die manipulative Frage abgewertet. Durch die Aussage der Fachkraft, dass es »schon wieder« passiert sei und schon wieder Blätter aus den Haaren entfernt werden müssen, wird die spielerische Situation dramatisiert. Das Kind bekommt das Gefühl vermittelt, etwas falsch gemacht zu haben, unachtsam zu sein. Erfährt es solche Momente häufiger, so lernt es, dass etwas mit ihm nicht stimmt, es nicht angemessen auf sich selbst aufpassen kann. Es fühlt sich möglicherweise minderwertig, ausgegrenzt, diskriminiert. Mit dem Vorschlag, die Kinder sollen auf dem Weg und nicht in den Büschen rennen, zwingt die Fachkraft den Kindern ihre Lösung auf. Die Partizipation der Kinder wird eingeschränkt bzw. nicht berücksichtigt.

Die Wahrung des kindlichen Wohlbefindens wird nicht durch einzelne Maßnahmen, sondern durch einen gemeinsamen Einsatz aller an der Erziehung der Kinder beteiligten Personen erreicht.

Werden die oben beschriebenen Kriterien, das Bindungs-, das Förderungs- und das Kontinuitätsprinzip, nicht eingehalten, so wird das Wohlbefinden von Kindern beeinträchtigt (Zittelmann 2014, Bullinger 2009). Daher stellt sich den dargestellten Prinzipien und Gedanken folgend die Frage, wie das kindliche Wohlergehen gefördert und geschützt werden kann, wenn eine Auseinandersetzung mit Konzepten des Kinderschutzes sowie der Beteiligung von Kindern nicht bearbeitet wird und somit unreflektiert bleibt (Epping & Luthardt 2021). Institutionen der Kinder- und Jugendhilfe müssen sichere Orte sein, die das Wohl des Kindes fokussieren und jedes Kind vor Gefahren schützen, um die kindliche Entwicklung und Bildung sichern und unterstützen zu können (Maywald 2019).

Als eine Möglichkeit, Kinder vor Übergriffen, aber auch pädagogische Fachkräfte vor einem möglichen Falschverdacht zu schützen, erscheint es sinnvoll, ein über die pädagogische Konzeption der Institution hinausgehendes institutionelles Schutzkonzept zu entwickeln und zu implementieren. Gleichzeitig sollten übergeordnete Akteursgruppen in Verantwortung genommen werden, denn das Mitwirken an einem institutionellen Kinderschutz kann allen Beteiligten eine notwendige Orientierung geben (▶ Abb. 2). Neben akteursübergreifenden, strukturellen Verankerungsmöglichkeiten für das Schutzkonzept wie z. B. die Entwicklung eines verbindlichen Verhaltenskodex, die Etablierung eines Leitfadens zum Umgang mit Verdachtsmomenten grenzverletzenden Handelns durch pädagogische Fachkräfte oder eine geklärte Kooperation mit diesbezüglich erfahrenen Fachkräften sollten auch Entwicklungsprozesse auf der Ebene der Leitungskräfte und im pädagogischen Team angestoßen werden. Zentral sind hierbei der Aufbau und die Vertiefung entsprechenden Fachwissens, welches bestenfalls zu einer grenzachtenden, wertschätzenden und partizipationsfördernden Handlungspraxis auf der Ebene der Fachkräfte und Kinder führt (Epping & Luthardt 2021).

Die Entwicklung eines Beschwerdemanagements kann beispielsweise ein gewinnbringender Prozess für alle beteiligten Personengruppen sein: für die Kinder, die Eltern, die Mitarbeiter*innen, die Einrichtungsleitung und die Trägervertreter*innen. Verfahren der Beschwerde für Kinder z. B. werden zur Erteilung einer Betriebserlaubnis für eine KiTa durch den deutschen Gesetzgeber vorausgesetzt und haben das Ziel, insbesondere dem Schutz von Kindern vor körperlicher, verbaler, psychischer, aber auch sexualisierter Gewalt zu dienen. Des Weiteren soll es die Kinder vor Machtmissbrauch und Übergriffen durch Fachkräfte schützen. Ein allen bekanntes und gut implementiertes Beschwerdeverfahren sensibilisiert und ermutigt Kinder, ihre Meinung und Wahrnehmung, ihre Bedürfnisse zu äußern, Fehlverhalten zu erkennen, aufzudecken und das Recht auf Beschwerde wahrzunehmen (LVR – Landschaftsverband Rheinland 2018).

4 Institutioneller Kinderschutz – ein akteursübergreifendes Modell

Akteure	Träger	Leistungsebene	Team/Fachkraft	Fachkraft-Kind-Ebene
Struktureller Rahmen	• Beschwerdemanagementverfahren • Verhaltenskodex • Leitfaden zum Umgang mit Verdachtsfällen bei päd. Fachkräften			
	Kinderschutz im Trägerleitbild verankern	• Konzeptarbeit/ Konzeption • Netzwerkhandbuch Kinderschutz • Kooperation InSoFas		
		• erfahrene Fachkraft (InSoFa) extern/intern		
Fachwissen	Gesetze und Kinderrechte kennen			
		Meldepflicht erkennen	Schutz und Risikofaktoren bei Kindern kennen	
Handlungskompetenz		Meldepflicht wahrnehmen	Risikoeinschätzung vornehmen	• Kinderrechte beachten • Partizipation ermöglichen • Interaktionen gestalten
		IKS in Gesprächskultur etablieren	Macht reflektieren	

Abb. 2: Modell für die Implementierung eines institutionellen Schutzkonzeptes in Krippe und KiTa, aufgeschlüsselt nach Verankerungsbereichen und Akteur*innen (Epping & Luthardt 2021, S. 6)

> Kinder haben das Recht,
> im pädagogischen Alltag jederzeit
> – und nicht nur in speziellen Settings –
> ihre Meinung zu äußern und sich in persönlichen Anliegen zu beschweren.
> (§ 45 Abs. 3 Nr. 3 SGB VIII, BAG LJA 2013)

Der UN-Kinderrechtskonvention bezüglich des Beteiligungs-, Mitteilungs- und Beschwerderechts folgend, kann als Indikator für die pädagogische Qualität neben der Einschätzung der Erwachsenen auch die subjektive Wahrnehmung des einzelnen Kindes zum Wohlbefinden in der Institution hinzugezogen werden (Libiseller et al. 2023, Eberlein & Schelle 2018). Auch innerhalb des wissenschaftlichen Qualitätsdiskurses werden die kindlichen Perspektiven mehr und mehr beachtet, die Kinder selbst als aktive Akteur*innen, z. B. durch Beschwerdeverfahren, in die Qualitätsfeststellung miteinbezogen (ebd., Botsoglou et al. 2017, Nentwig-Gesemann et al. 2021, u. w.). Folgende Schritte können bei der Implementierung eines Beschwerdeverfahrens hilfreich sein:

- Reflexion im Team: Aufbau einer beschwerdefreundlichen Einrichtungskultur
  - Fehler werden als Bestandteil des Alltags anerkannt und respektiert,
  - ein wertschätzender Umgang zwischen allen Beteiligten, der trotz unterschiedlicher Perspektive aussagt: Du bist ok und ich bin ok, auch wenn wir gerade verschiedene Standpunkte vertreten (Hansen & Knauer 2016, Schubert-Suffrian & Regner 2014, Urban-Stahl 2013),
  - gemeinsames Verständnis für Beschwerden: ein breites Verständnis lässt auch »Kleinigkeiten« als Beschwerden zu. Dies erhöht die Wahrscheinlichkeit, dass Kinder sich auch bei »großen Beschwerden« (z. B. Kindeswohlgefährdung) äußern (ebd.);
- Strukturelle und konzeptionelle Vorüberlegungen
  - Die Erstellung und Umsetzung im pädagogischen Alltag erfordert mehr Zeitressourcen für das Team, die es zu priorisieren gilt,
  - bereits bestehende Ressourcen und Strukturen sollten beachtet und darauf aufgebaut werden (ebd.);
- Auseinandersetzung aller Beteiligten (Kinder, pädagogische Fachkräfte, Trägervertreter*innen und ggf. Elternvertreter*innen) mit den Kinderrechten als grundlegende Basis für das Beschwerdeverfahren (ebd.)
- Entwicklung eines Beschwerdeverfahrens
  - Einbezug aller Beteiligten in den Entwicklungsprozess (Kinder und Erwachsene). Um Zeitressourcen zu sparen, kann es hilfreich sein, die Schritte der Verschriftlichung durch ein »Redaktionsteam« erstellen zu lassen. Das entwickelte Schriftstück dient als Diskussions- und Arbeitsgrundlage, in die die Ideen, Anregungen und Anmerkungen aller Beteiligten eingefügt werden,
  - vielfältige Beschwerdewege (z. B.: Anregungs- und Beschwerdebriefkasten, Sprechzeiten, Kinderversammlungen etc.) in den pädagogi-

4 Institutioneller Kinderschutz – ein akteursübergreifendes Modell

schen Alltag implementieren, so dass sich möglichst alle beteiligen können (Hansen & Knauer 2016; Urban-Stahl 2013),
- Wahrnehmen von indirekt geäußerten Beschwerden von Kindern im Alltag, wie z. B. das Wegdrehen eines Kindes hin zur*zum oder Verstecken hinter den Beinen der*des Bezugserzieher*in (Walter-Laager et al. 2018, Hansen & Knauer 2016, Schubert-Suffrian & Regner 2013);
- Zusammenarbeit mit den Eltern
  - Frühzeitige Information an die Eltern über den bevorstehenden pädagogischen Prozess,
  - Aufzeigen der Chancen eines Beschwerdeverfahrens für die unterschiedlichen Akteur*innen, vor allem für die Kinder,
  - die Fragen, Sorgen und Bedenken der Eltern sollten in jedem Fall ernst genommen werden,
  - es sollte versucht werden, die Eltern zur Mitarbeit zu gewinnen, damit sie ihre Kinder ermutigen, zu Hause geäußerte Beschwerden über die KiTa auch dort zu äußern (Hansen & Knauer 2016, Schubert-Suffrian 2014).

Neben den strukturellen und pädagogischen Schwerpunkten zur Wahrung des Kindeswohls sollten die Themen »Grenzachtendes pädagogisches Handeln« und »institutioneller Kinderschutz« bereits in Vorstellungsgesprächen, in der Einarbeitungszeit neuer Fachkräfte und in Mitarbeiter*innengesprächen besprochen werden, um dessen Bedeutung zu betonen und nachhaltig zu verankern. Damit Kinder und Jugendliche zu ihren Rechten gelangen, sollten diese im Leitbild des Trägers aufgeführt und ein grenzachtender und gewaltfreier Umgang mit Kindern verbindlich erklärt werden. Das Team sollte eine Definition von grenzachtendem, partizipationsfördernden Handeln im (elementar-)pädagogischen Alltag entwickeln, dem alle zustimmen und folgen können.

Die Etablierung institutioneller Schutzkonzepte ist ein wichtiges Zeichen sowohl für die politisch und gesellschaftlich verantwortlichen Personen, für Behörden und die Familien, die ihre Kinder den Institutionen anvertrauen, als auch für die pädagogischen Fachkräfte, die die Kinder betreuen und deren Alltag maßgeblich beeinflussen. Darüber hinaus hat die Sensibilisierung zum Kinderschutz aber auch eine gesamtgesellschaftliche Dimension. Diese zeigt, dass jede einzelne Institution und ihre Träger sich selbst in die Lage versetzen können, innerhalb der eigenen institutionellen Strukturen und Institutionen genau hinzuschauen, mögliche Versäumnisse im institutionellen Kinderschutz abzubauen, Verantwortung zu übernehmen und den Diskurs über die Qualität ihrer Einrichtungen selbst mitzugestalten. Das Ziel institutioneller Schutzkonzepte sollte es sein, einen möglichen Machtmissbrauch seitens der pädagogischen Fachkräfte zu reduzieren und gleichzeitig den strukturellen, organisatorischen Rahmen zur Wahrung des Kindeswohls sowie zur Förderung des Kinderschutzes durch die Beteiligung von Kindern und Jugendlichen herzustellen. Einerseits positioniert sich die Trägerschaft und stellt dar, dass der Schutz eines jeden Kindes das höchste Gut ist. Andererseits wird den Fachkräften signalisiert, dass ihnen sowie ihrem Handeln respektvoll und fürsorglich begegnet wird. Durch einen Leitfaden zum Umgang mit Verdächtigungen bezüglich grenzüberschreitenden, kindeswohlgefährdenden Verhaltens seitens der Fachkraft besteht in der häufig emotionalen, belastenden Situation die Chance, möglichst sachlich einen Prüfprozess zu durchlaufen. Ist allen Fachkräften der Ablauf bekannt, so bietet dieser Orientierung und Allgemeingültigkeit. Die Gefahr von willkürlichem Handeln und Entscheiden wird hierdurch minimiert. Gleichzeitig wird sichergestellt, dass alle beteiligten Personen gehört werden. Ein nachvollziehbares, transparentes Vorgehen zeichnet sich ab.

Abschließend soll nicht nach den Gründen gefragt werden, warum Politik, Wissenschaft, überörtliche und örtliche Aufsichtsbehörden, Träger der freien Kinder- und Jugendhilfe und pädagogische Fachkräfte bisher einen professionellen Blick auf grenzüberschreitendes, kindeswohlgefährdendes Verhalten eher scheuen. Stattdessen wird das wichtige Thema des institutionellen Kinderschutzes angestoßen, das das Spannungsverhältnis wahrnimmt, in dem sowohl die Einrichtungen als auch die Träger, die Fachkräfteteams, Akteur*innen aus Politik, Wissenschaft und Weiterbildung stecken, um zukünftig Institutionen der Kinder- und Jugendhilfe als sichere und vertrauensvolle, professionelle (Schutz-)Orte für Schutzbefohlene erfahrbar zu machen, in dem grenzverletzendes Handeln, gefährdende Momente und Übergriffe zum einen systematisch überprüft und zum anderen konsequent verhindert werden (Epping & Luthardt 2021).

5 Standards zur Verhinderung von grenzverletzendem Verhalten durch Fachkräfte und Implementierung eines Verfahrens zum Umgang mit Verdachtsmomenten institutioneller Kindeswohlgefährdung in einer KiTa

5.1 Einführung

Bereits Janusz Korczak, der als Urvater der UN-Kinderrechtskonvention bezeichnet wird, hielt eine reflektierte, grenzwahrende und wertschätzende Haltung der pädagogischen Fachkräfte für notwendig, damit die Kinder gegen Willkür, Machtausübung und Rechtlosigkeit durch Erwachsene geschützt werden (Korczak 1929/1992; Hansen & Knauer, 2016).

»Weil Pädagogik immer von Beziehungen zwischen ungleichen Partnern geprägt ist, stehen grundsätzlich alle Fachkräfte in der KiTa unter dem Generalverdacht möglichen Machtmissbrauchs« (Hansen & Knauer 2016, S. 1). Dieser Verdacht kann entkräftet werden, wenn sich die pädagogischen Fachkräfte mit den gesetzlichen Grundlagen zur gewaltfreien, grenzwahrenden Erziehung von Kindern als auch der Partizipation von Kindern auseinandersetzen. Ziel sollte es sein, dass beides zum einen konkret und konzeptionell verankert und zum anderen im alltäglichen pädagogischen Handeln umgesetzt wird. Unabdingbar damit verknüpft ist die Notwendigkeit einer selbstreflektierenden, selbstkritischen Haltung der pädagogischen Fachkraft, die die Rechte, Bedürfnisse und Interessen sowie die Würde des Kindes achtet. Des Weiteren muss die Fachkraft eine mögliche Beschwerde seitens der Kinder über sich als Person und ihrem Handeln zulassen können (ebd.; Epping & Luthardt 2021).

Eine strukturelle Verankerung bedeutet allerdings auch, dass Kinder über ihre Rechte ausreichend informiert sind. Denn nur wer seine Rechte kennt, kann Verletzungen dieser Rechte erkennen und benennen. Hier können u. a. Beschwerdeverfahren für Kinder, eine möglichst partizipationsförderliche Gestaltung des pädagogischen Alltags, allen verlässlich zugängliche Beteiligungssettings wie beispielsweise Gruppenbesprechungen oder Morgenkreise unterstützend wirken, damit die Kinder gemäß ihrer Entwicklung und ihres Alters ihre Rechte einfordern, am Alltag mitwirken und sich an allen sie betreffenden Themen beteiligen können (Hansen & Knauer 2016).

»Kinderschutz und darin inkludiert ein grenzachtender, gewaltfreier Umgang mit Kindern verlangt, die Willkürherrschaft der Erwachsenen in pädagogischen Einrichtungen durch strukturell verankerte Verfahren zu begrenzen, die es ermöglichen, dass Beschwerden von Kindern über Fachkräfte öffentlich werden« (ebd., S. 3).

Es könnte verhindern, dass das Geschehen in einer Einrichtung vom Willen oder der Laune der pädagogischen Fachkraft abhängig ist (ebd.). In der Regel löst das Thema Macht und Erziehung eher unangenehme Assoziationen aus (Wolf 2016). Es wird häufig mit Befehlen und Gehorchen, Gewalt und Unterdrückung, (körperlicher) Misshandlung und Angst verknüpft. Auf die pädagogische Arbeit bezogen bedeutet das, dass sich Fachkräfte »als machtvolle Menschen im Geflecht ihrer gegenseitigen Beziehungen« (ebd., S. 175) wahrnehmen sollten, die Autonomie und Abhängigkeit reflektieren und sich der ausgewogenen Machtbalance bewusst sind. Damit sich Kinder gesund entwickeln können, benötigen sie interessierte, zugewandte, wertschätzende Erwachsene, die die Verantwortung dafür übernehmen, ihre Macht zugunsten des Kindeswohls und der kindlichen Entwicklung einzusetzen und jedes Kind würdevoll, grenzachtend und wertschätzend zu behandeln (Maywald 2017).

5.2 Zur Notwendigkeit eines Leitbildes

Da die Gefahr des Machtmissbrauchs in Krippen und KiTas durch pädagogische Fachkräfte durchaus gegeben ist (Hildebrandt et al. 2021), brauchen Fachkräfte einen professionellen Verhaltenskodex, ein konkretes Leitbild, welches ihnen Orientierung, Halt und Sicherheit gibt (Maywald

2017). Erwachsene sollten sich ihrer Macht und den daraus folgenden Handlungsweisen bewusstwerden. Den pädagogischen Fachkräften obliegt somit die Verantwortung, das Kind zu stärken und eben nicht die kindliche Schwäche im Machtverhältnis auszunutzen. Vielmehr sollte das Augenmerk darauf liegen, es den Kindern zu ermöglichen, sich angstfrei zu beteiligen (Prengel 2016). Ein Beispiel für die partizipative Erarbeitung eines solchen Leitbildes findet sich im Methodenteil (▶ Kap. 8).

Die Gefahr grenzüberschreitenden, machtvollen und inadäquaten Handelns durch pädagogische Fachkräfte in KiTas scheint besonders dann gegeben zu sein, wenn

- kein oder kaum Wissen zu rechtlichen Grundlagen von Partizipation bei den Fachkräften vorliegt (Epping & Luthardt 2021),
- Beteiligungsmöglichkeiten für das Kind im Alltag fehlen,
- Reflexionsprozesse bezüglich des eigenen pädagogischen Handelns nur oberflächlich betrachtet werden oder ganz ausbleiben,
- es an einer (selbst-)kritischen Auseinandersetzung mit Machtverhältnissen und der Orientierung am Kindeswohl mangelt (Maywald 2017) und
- eine konzeptionelle Verankerung von Partizipation fehlt (Epping & Luthardt 2021).

Für eine grenzachtende, gewaltfreie Ausgestaltung des pädagogischen Alltags im KiTa-Team, aber auch zwischen den Fachkräften und Kindern wird es als sinnvoll erachtet, folgende Schwerpunkte zu erarbeiten, zu verschriftlichen und zu verinnerlichen:

- reflektierte, wertschätzende, respektvolle Nutzung von Sprache und Wortwahl im Alltag und bei Gesprächen mit Kindern (z. B. Hildebrandt et al. 2021; Pölzl-Stefanec & Geißler 2018; Prengel 2016; Walter-Laager et al. 2018),
- adäquate Nähe- und Distanzregulation, Angemessenheit von Körperkontakten, Beachtung der Intimsphäre, die immer auf den Bedürfnissen des Kindes beruht (z. B. Farrenberg 2018; Maywald 2017),
- Anerkennung des kindlichen Rechts auf Schutz, Fürsorge, grenzachtende und gewaltfreie Erziehung und Beteiligung (z. B. UN-Kinde-

rechtskonvention; Grundgesetz Bundesrepublik Deutschland, § 1 SGB VIII) und
- Umgang und Vermeidung von Diskriminierungen und Disziplinierungsmaßnahmen (z. B. Foucault 2017; § 1631 BGB; Wolff 2015).

Damit Kinder zu ihren Rechten gelangen, sollten diese im Träger- und/oder KiTa-Leitbild aufgeführt und ein grenzachtender und gewaltfreier Umgang mit Kindern vermittelt werden. Das Team sollte des Weiteren eine gemeinsame Haltung von kindlicher Partizipation im pädagogischen Alltag entwickeln. Darüber empfiehlt es sich, dass die pädagogischen Fachkräfte

- das ungleiche Machtverhältnis zwischen Erwachsenem und Kind reflektieren bzw. einschätzen und sich dessen bewusstwerden (Hansen & Knauer 2016; Pfiffner & Walter-Laager 2017),
- ein standardisiertes Beschwerdemanagement für Kinder und Erwachsene etablieren (Hansen & Knauer 2016; Sturzenhecker et al., 2010),
- förderliche Rahmenbedingungen im KiTa-Team (Fehlerkultur, Feedbackkultur, kollegiale Beratung, Intervision, Supervision und Fortbildung) schaffen (Maywald 2017) und
- einen standardisierten Leitfaden zum Umgang sowohl mit Verdachtsmomenten der Kindeswohlgefährdung durch pädagogische Mitarbeitende als auch den Meldepflichten nach den §§ 8a und 47 SGB VIII zu den essenziellen Bausteinen eines sinnvollen, institutionalisierten Schutzkonzeptes entwickeln (Epping & Luthardt 2021).

Durch die Entwicklung der angegebenen Merkmale wird die Qualität in KiTas in Bezug auf einen grenzachtenden, gewaltfreien, partizipationsfördernden, wertschätzenden Umgang mit Kindern entwickelt, gesichert und möglicherweise fortgeschrieben. Beispielhaft werden folgend einige inhaltliche Schwerpunkte eines entwickelten Leitbildes zum grenzachtenden, gewaltfreien Umgang mit Kindern vorgestellt.

Grundlegend soll an dieser Stelle nochmals erwähnt sein, dass die Emotionen, Bedürfnisse und Interessen der Kinder im Mittelpunkt des pädagogischen Handelns stehen und der Ausgangspunkt für ein feinfühliges, respektvolles Vorgehen seitens der Erzieher*innen darstellen. Die

Kinder sollten in allen sie belangenden Themen aktiv beteiligt werden. Sie sollten mitbestimmen (z. B. bei der gemeinsamen Entwicklung bzw. Überprüfung von Regeln) und mitgestalten (z. B. beim Essenschöpfen, Tischdecken, Sich-An- und Umkleiden).

5.3 Zum Umgang mit Verdachtsfällen

Was aber ist zu tun, wenn es doch zu Verdachtsfällen von grenzüberschreitendem oder kindeswohlgefährdendem Verhalten kommt? Neben dem gesetzlichen Auftrag zur Mitwirkung und Mitteilung des pädagogischen Fachpersonals an die zuständigen Institutionen zur Wahrung des Kindeswohls haben auch Träger von erlaubnispflichtigen Einrichtungen, wie z. B. KiTas, eine gesetzliche Meldepflicht.

Diese wird in § 47 SGB VIII definiert und besagt, dass jedes Ereignis oder jede Entwicklung, welche/s das Kindeswohl beeinträchtigen könnte, unverzüglich bei der zuständigen Bewilligungsbehörde anzuzeigen ist (Bundesministerium der Justiz, 1990). Die zuständige Bewilligungsbehörde ist das zuständige Landesjugendamt. Ggf. kommt auch eine Mitteilung gem. § 8a SGB VIII in Betracht, wenn eine Intervention durch das örtliche Jugendamt im häuslichen Kontext ebenfalls erforderlich erscheint. Nicht selten scheuen Trägervertretungen diese Mitteilung aus Sorge

- vor Überforderung,
- vor negativer Aufmerksamkeit,
- vor sinkenden Anmeldezahlen,
- vor einem möglichen Verruf der Einrichtung in der Öffentlichkeit,
- der belastungsbedingten Erkrankung von pädagogischen Mitarbeiter*innen,
- vor dem Gefühl auf Trägerebene, sich nicht fürsorglich um die Mitarbeiter*innen zu kümmern,

- vor einem möglichen Medieninteresse

oder aus anderen Gründen.
Werden jedoch Ereignisse, wie z. B. übergriffiges oder inadäquates Handeln, durch pädagogische Fachpersonen oder auch die (längerfristige) Unterschreitung des personellen Mindeststandards angezeigt, so nehmen Trägerverantwortliche ihre Verantwortung den Mitarbeiter*innen und vor allem den Schutzbefohlenen und deren Eltern in ihren Einrichtungen gegenüber wahr. Die Transparenz, die der Bewilligungsbehörde entgegengebracht wird, hilft der Einrichtung kurzfristig, weil individuelle und zielführende Lösungen entwickelt werden können, ist also als ein Beitrag zur Qualitätsentwicklung zu verstehen.

Die Mitteilung gem. § 47 SGB VIII hat viele positive Effekte:

- Zuvörderst ist der Schutz der Kinder in den Einrichtungen zu nennen, die durch eine konsequente Aufarbeitung des Geschehens vor weiteren Kindeswohlgefährdungen geschützt werden.
- Aber auch der Schutz der Mitarbeiter*innen vor falschen Verdächtigungen und deren »Rehabilitierung« nach einer Aufarbeitung des Geschehens ist ein wichtiger Aspekt.
- Die Elternschaft entwickelt bei konsequenter Umsetzung der Vorgaben des § 47 SGB VIII größeres Vertrauen in die pädagogische Arbeit der Einrichtung und dadurch eine höhere Akzeptanz der Betreuung der Kinder in der Einrichtung.
- Auch eine konstruktive Information der Öffentlichkeit ist möglich, wenn zuvor hohe fachliche Standards beachtet wurden.
- Zuletzt gewinnt die pädagogische Arbeit an Qualität, da jeder aufgearbeitete Fall im Sinne einer lernenden Organisation zur Verbesserung und Weiterentwicklung von grenzachtender und gewaltfreier Erziehung führt.

Übergeordnet fließen die Meldungen nach § 47 SGB VIII auch in die langfristigen (politischen und fachlichen) Diskurse und Entwicklungen ein.

Kurzum: Die konsequenten Meldungen von Verdachtsfällen institutioneller Kindeswohlgefährdungen an die Aufsichtsbehörde und deren fachlich fundierte und transparente Aufarbeitung zeugen von einem professionellen Verständnis des Trägers hinsichtlich des institutionellen Kinderschutzes.

Im Folgenden wird dargestellt, wie die Bearbeitung eines Verdachtsfalls einer institutionellen Kindeswohlgefährdung fachlich hochwertig und die rechtlichen Vorgaben beachtend gestaltet werden kann. Der dargestellte Ablauf wird in den Einrichtungen des Trägers ›Katholische Pfarrgemeinde Sankt Nikolaus Wesel‹ seit geraumer Zeit sehr erfolgreich angewandt. Das Verfahren ist in den Jahren 2016 und 2017 unter Mitwirkung verschiedener Akteur*innen entwickelt worden und unterliegt seit jeher einem stetigen Evaluierungsprozess.

Der Beginn eines Fallgeschehens

Mögliche Anfänge eines Fallgeschehens sind vielfältig: In den Fokus kann ein Verdacht auf eine institutionelle Kindeswohlgefährdung auf mehreren Wegen kommen (▶ Abb. 3).

Sowohl über Eltern als auch über die betroffene Fachkraft oder Kolleg*innen im Team und – selten – über Mitteilung an den Träger können Verdachtsmomente auf eine institutionelle Kindeswohlgefährdung bekannt werden. Auch (betroffene oder andere) Kinder selbst kommen als Melder*innen in Betracht. Dies wird aber nur geschehen, wenn es in der Einrichtung eine vertrauensvolle Beteiligungskultur gibt und den Kindern Bindungsbeziehungen und Methoden angeboten werden, eigene schlechte Gefühle zu artikulieren – solche Rahmenbedingungen und Haltungen bei den Fachkräften sicherzustellen, ist eine große und weitgehend unerforschte Herausforderung für Einrichtungen. Stellt sich nach einer Ersteinschätzung der Leitung in Abstimmung mit der Fachdienstleitung oder Fachberatung heraus, dass der gemeldete Vorfall einer Prüfung bedarf, da es tatsächlich um gewichtige Anhaltspunkte auf eine institutionelle Kindeswohlgefährdung geht, setzt die Leitung der Einrichtung den Träger über den Vorfall in Kenntnis und meldet ihn nach § 47 SGB VIII schriftlich beim Landesjugendamt.

Teil 1: Theorie

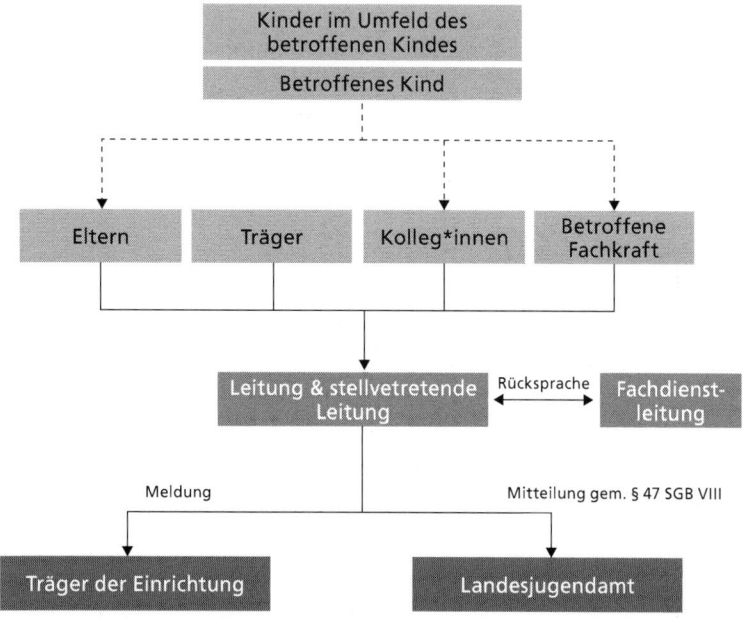

Abb. 3: Der Beginn eines Fallgeschehens

Wichtig bei diesen Meldewegen ist, dass – gleich, wer die erste Wahrnehmung auf eine institutionelle Kindeswohlgefährdung macht – der Sachverhalt im Sinne einer Leitungsverantwortung für den institutionellen Kinderschutz bei der Einrichtungsleitung platziert wird. Der Einrichtungsleitung obliegt es,

- die Fachdienstleistung oder Fachberatung zu informieren,
- den Sachverhalt an die verantwortlichen Personen auf Trägerebene weiterzuleiten,
- eine Mitteilung gemäß § 47 SGB VIII an das zuständige Landesjugendamt und ggf. gem. § 8a SGB VIII an das örtliche Jugendamt zu machen.

Die Fallbearbeitung

Im Anschluss beginnt die eigentliche Aufarbeitung des Verdachtsmomentes, die den in Abbildung 3 dargestellten Standards folgen sollte (▶ Abb. 4).

Untersuchung des Verdachtsfalls durch externe Fachleute

Zunächst ist es ein wichtiger Qualitätsstandard einer Fallbearbeitung, dass das Prüfverfahren durch eine externe Stelle (externe ›insoweit erfahrene Fachkräfte‹) durchgeführt wird, um eine höchstmögliche Neutralität im Verfahren für alle Beteiligten zu gewährleisten. Die externen, insoweit erfahrenen Fachkräfte werden vom Träger beauftragt, alle auftretenden Fälle institutioneller Kindeswohlgefährdungen zu untersuchen. Sie werden zwar vom Träger bezahlt, müssen aber zwingend inhaltlich unabhängig und frei von Weisungen des Trägers bleiben. Es empfiehlt sich, hier langfristige Vereinbarungen mit entsprechenden Personen zu treffen.

Freistellung der betroffenen Fachkraft

Aus mehreren Gründen ist es empfehlenswert, die betroffene Fachkraft für die Dauer des Prüfprozesses von ihrer Arbeitsleistung freizustellen:

- Oberste Maxime während des Prüfprozesses muss der Schutz des betroffenen Kindes sein. Durch die Freistellung der betroffenen Fachkraft ist ein weiterer Besuch des Kindes in der Einrichtung oftmals möglich.
- Auch Vertrauen bei den Eltern des betroffenen Kindes und in der Elternschaft als Gesamtheit kann durch die Freistellung der betroffenen Fachkraft sichergestellt werden, solange gut kommuniziert wird, dass die Freistellung keine »Schuldzuweisung« darstellt.
- Eine Freistellung dient dem Schutz der betroffenen Fachkraft und verhindert, dass deren weitere Präsenz in der Einrichtung zu einem »Spießrutenlauf« für sie wird. Sollten sich die Verdachtsmomente nicht erhärten, ist die gezielte Planung von Maßnahmen der Reintegration

Teil 1: Theorie

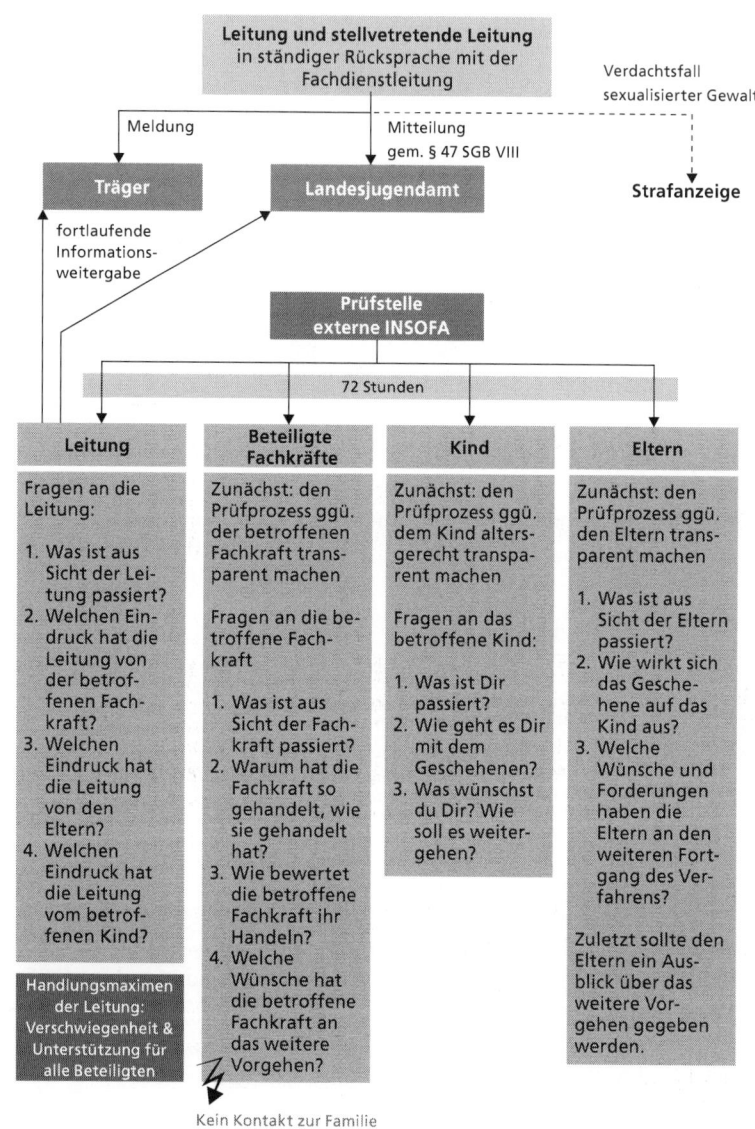

Abb. 4: Die Fallbearbeitung

der betroffenen Fachkraft ohnehin erforderlich. Dies kann im Nachgang zur Fallbearbeitung geschehen.

Wichtig ist ferner, dass die betroffene Fachkraft während des laufenden Prüfprozesses keinen Kontakt zum betroffenen Kind, dessen Eltern, zu anderen Kindern oder anderen Eltern aufnimmt, um den Prüfprozess nicht zu behindern oder zu beeinflussen.

Auftrag der externen Prüfstelle ist es, Kontakt zu allen Beteiligten aufzunehmen und mit diesen nach dem dargestellten Fragenkanon ins Gespräch zu kommen, wobei alle Gespräche protokolliert werden. Die externe Prüfstelle verfolgt das Ziel, eine erste Klärung des Sachverhalts innerhalb von 72 Stunden sicherzustellen, um ggf. eine Freistellung der betroffenen Fachkraft wieder zu beenden.

Die Koordination dieses Prozesses obliegt der Einrichtungsleitung:

- Die Leitung der Einrichtung informiert den Träger sowie das Landesjugendamt fortlaufend und kleinschrittig über den Fortgang des Prüfprozesses.
- Außerdem ist es eine wesentliche Leitungsaufgabe, den Kontakt mit der betroffenen Familie zu suchen und Gesprächsbereitschaft zu signalisieren, um Vertrauen in die Einrichtung zu erhalten oder zurückzugewinnen.
- Auch in der Blickperspektive des Teams muss die Leitung Verantwortung übernehmen: die Wiederherstellung oder Aufrechterhaltung der Arbeitsfähigkeit des Teams sind durch die Leitung sicherzustellen, um die Betreuungsaufgaben in der Einrichtung auch während des Prüfprozesses qualitativ hochwertig weiterführen zu können.
- Auch obliegt der Leitung eine Fürsorgepflicht gegenüber der betroffenen Fachkraft. Hier sind Unterstützungsmaßnahmen, wie begleitende Personalgespräche, ein externes Coaching oder die Vermittlung in professionelle Beratungsangebote denkbar. In jedem Fall ist es die Aufgabe der Leitung, die Belastungen der betroffenen Fachkraft nicht aus dem Blick zu verlieren.

Abweichendes Vorgehen: Im Falle eines Verdachts von sexualisierter Gewalt durch Beschäftigte der Einrichtung findet kein Prüfprozess statt, sondern es erfolgen eine unmittelbare Strafanzeige gegen die betroffene Fachkraft und eine Mitteilung an das Landesjugendamt. Es ist mit den beschriebenen Methoden nicht möglich, einen solchen Verdachtsfall seriös aufzuklären. Außerdem könnte eine solche Intervention eine strafrechtliche Verfolgung verunmöglichen.

Der Prüfprozess durch die externen, insoweit erfahrenen Fachkräfte endet mit einer umfangreichen Berichterstattung, die zum einen die Explorationsergebnisse dokumentiert, zum anderen Empfehlungen beinhalten sollte, wie das weitere Vorgehen gestaltet werden kann. Es kommen hier seitens der externen, insoweit erfahrenen Fachkräfte viele zu prüfende Maßnahmen in Betracht, unter anderem:

- die Definition und Umsetzung von Maßnahmen zur Reintegration der betroffenen Fachkraft in den beruflichen Alltag, wenn sich das Verdachtsmoment nicht erhärten ließ und dadurch keine weiteren Maßnahmen erforderlich sind;
- Maßnahmen zur Reintegration des betroffenen Kindes in den Alltag der KiTa oder die Gestaltung des Abschieds des betroffenen Kindes aus der Einrichtung, sollte eine weitere Betreuung durch die Eltern nicht mehr gewünscht sein;
- Maßnahmen der Vertrauensbildung gegenüber den Eltern des betroffenen Kindes und gegenüber ggf. informierten anderen Eltern;
- Fortbildungs- und Coachingangebote für die betroffene Fachkraft, um Ursachen eines grenzverletzenden Verhaltens zu beheben;
- Fortbildungs-, Supervisions- und Coachingangebote für das Team, um mit entstandenen Konflikten konstruktiv umzugehen und die Arbeitsfähigkeit des Teams sicherzustellen;
- eine Veränderung des Aufgabengebietes der betroffenen Fachkraft, um Situationen zu vermeiden, in denen Überforderung eintritt;
- ein Wechsel der betroffenen Fachkraft in eine andere Einrichtung des Trägers, falls z. B. mit Blickperspektive auf das Kind, dessen Eltern oder das Team eine Reintegration in die Einrichtung nicht möglich sein sollte;
- dienstrechtliche Maßnahmen gegenüber der betroffenen Fachkraft, wie eine Abmahnung oder Kündigung, sollte das Fehlverhalten der Fachkraft so gravierend sein, dass diese erforderlich sind.

In jedem Fall müssen die zu ergreifenden Maßnahmen sicherstellen, dass das Risiko vergleichbarer Vorfälle minimiert wird.

Das Ende des Fallgeschehens

Insofern kann der Prüfprozess wie in Abbildung 5 gehen (▶ Abb. 5). Das Ergebnis des Prüfprozesses und eine ggf. daraus resultierende Entscheidung wird mit allen Beteiligten besprochen, soweit dies nach den datenschutzrechtlichen Bestimmungen möglich ist.

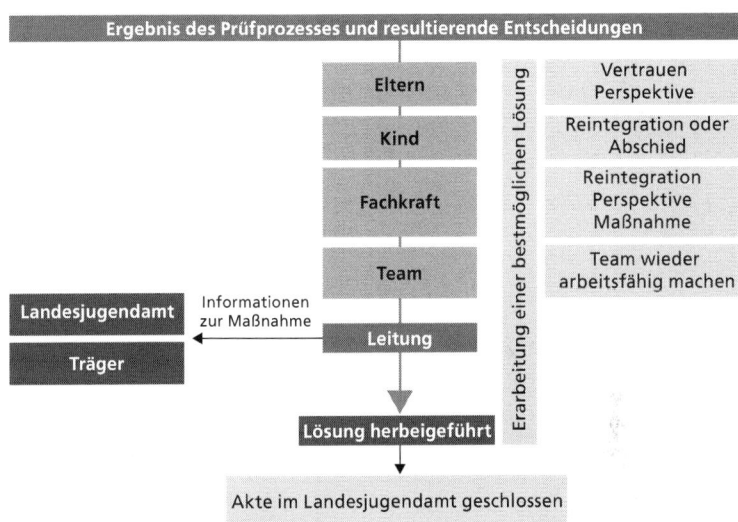

Abb. 5: Das Ende des Fallgeschehens

Grundhaltung zum Prüfprozess: Im Prozess soll mit allen Beteiligten eine bestmögliche Lösung erarbeitet werden. Die Leitung der Einrichtung informiert den Träger wie das Landesjugendamt über in Aussicht genommene Maßnahmen. Der Fall ist beendet, wenn eine Lösung herbeigeführt wurde und seitens des Landesjugendamtes die Akte geschlossen wird.

Insgesamt ist zu beachten, dass die gute Wahrnehmung und professionelle Bearbeitung von Verdachtsfällen auf eine institutionelle Kindeswohlgefährdung von mehreren Bedingungen abhängig sind:

- ein professionelles Verständnis von institutionellem Kinderschutz auf Leitungs- und Trägerebene,
- eine vertrauensvolle und respektvolle Teamkultur, die einen handlungsorientierten Umgang mit Verdachtsfällen möglich macht,
- selbstbewusste Kinder, die über die Kinderechte informiert und in der Lage sind, Grenzüberschreitungen zu kommunizieren.

6 Die KiTa-Leitung: Schlüsselrolle im institutionellen Kinderschutz

Generell kann gesagt werden, dass der KiTa-Leitung in der Konzeptions-, Qualitäts- und Personalentwicklung eine besondere Rolle zugeschrieben wird. Durch die Entwicklung eines Leitbildes zum grenzachtenden, gewaltfreien Umgang mit Kindern in Institutionen der frühkindlichen Bildung stößt eine KiTa-Leitung maßgeblich zur Reflexion des pädagogischen Handelns an und trägt darüber hinaus zum Professionalisierungsprozess bei (Herrmann 2015). Das Handeln von pädagogischen Fachpersonen in Bezug auf die grenzachtende und gewaltfreie Begleitung von Kindern wird vor allem dann positiv beeinflusst, wenn Kinderschutz als Querschnittsthema angesehen wird und es ein definierter, allen bekannter Teil des (Träger-)Leitbildes sowie der pädagogischen Konzeption der KiTa ist. Darüber hinaus ist eine fehlerfreundliche Teamkultur des Hinsehens, Ansprechens und gemeinsamen Reflektierens sinnvoll. Hierdurch besteht die Möglichkeit, sich innerhalb des Teams respektvoll, wertschätzend und offen Rückmeldungen zu möglicherweise grenzverletzendem, inadäquatem Verhalten zu geben (Troalic & Leitner 2015).

Doch wie kann diese Professionalisierung gelingen? Wie können Reflexions- und somit Qualitätsentwicklungsprozesse angestoßen werden?

Zum einen braucht es ein explizites Wissen der Leitungskraft zu Themen des Kinderschutzes, der Partizipation von Kindern sowie eines grenzachtenden, gewaltfreien pädagogischen Handelns der Fachpersonen selbst, damit sie das KiTa-Team sensibilisieren und (weiter-)qualifizieren kann. Zum anderen sind persönliche Eigenschaften der KiTa-Leitung, wie beispielsweise die Fähigkeit zur Selbstreflexion, Empathie, Wissen bezüglich einer professionellen Nähe-Distanz-Regulation, Gesprächskompetenzen oder Methoden der Erwachsenenbildung förderlich (Maywald 2013). Ein Leitbild zum grenzachtenden, gewaltfreien Umgang mit Kindern formuliert die trägerspezifische Leitidee in prägnanten, kurzen Sätzen und kann demnach die pädagogischen Fachpersonen auf unterschiedliche Weise unterstützen. Einerseits ist es eine Säule des präventiven institutionellen Kinderschutzes, denn die pädagogischen Fachpersonen sind sensibilisiert und die Kinder kennen ihre Rechte. Somit wirkt das Leitbild konkret als wichtiger Baustein in die tägliche pädagogische Arbeit und in den präventiven Kinderschutz hinein (Jann 2014, Maywald 2019). Andererseits wird durch die Entwicklung des Leitbildes die Chance sowohl zur institutionellen als auch zur persönlichen Professionalisierung gegeben (Brauckmann-Sajkiewicz & Roschk 2019, Hansen & Knauer 2016).

> »Ein Leitbild ist die Darstellung klar gegliederter, langfristiger Zielvorstellungen und beinhaltet, mit welcher Haltung die Ziele erreicht werden sollen. Das verfasste Leitbild stellt das Idealbild der Arbeit dar und ist als ständiger Prozess zu verstehen« (Pleye 2022).

Damit eine Implementierung des Leitbilds zum grenzachtenden, gewaltfreien Umgang im pädagogischen Alltag gelingen kann, ist es sinnvoll, folgende Anregungen zu berücksichtigen:

- Auseinandersetzung im (KiTa-) Team
  Es benötigt den Aufbau einer respektvollen, beschwerdefreundlichen Teamkultur, in der Fehler, wie z. B. ein Kind ungefragt anzufassen, ohne dass Gefahr im Vollzug ist, Kinder zu demütigen, vor sich herzuschieben, ironisch oder sarkastisch mit dem Kind zu sprechen, es zu belächeln oder auch eine Meinungsverschiedenheit im Team vor den Kindern lautstark zu klären usw., als Bestandteil des pädagogischen Alltags angesehen, angesprochen und gemeinsam reflektiert werden und ein wertschätzender Umgang zwischen allen Beteiligten zugesichert wird (Hansen & Knauer 2016; Schubert-Suffrian & Regner 2014; Urban-Stahl 2013). Des Weiteren sollte ein gemeinsames Verständnis für Beschwerden sowohl für Erwachsene als auch für Kinder entwickelt werden. Denn ein gemeinsames Verständnis lässt auch Beschwerden bzw. das Anmerken bezüglich unerfüllter Interessen und Bedürfnisse des Kindes

im pädagogischen Alltag zu. Gleichzeitig erhöht dies die Wahrscheinlichkeit, dass Kinder sich auch beim Erleben von grenzverletzendem, übergriffigen Handeln äußern (Urban-Stahl 2013).

- Strukturelle und konzeptionelle Vorüberlegungen
Die Erstellung und inhaltliche Ausarbeitung des Leitbildes erfordert Zeitressourcen: Wie kann die inhaltliche Auseinandersetzung mit den Themen des Leitbildes im pädagogischen Alltag ermöglicht werden, auf welche bereits bestehenden Ressourcen und Strukturen kann zurückgegriffen und aufgebaut werden, z. B. welche Aussagen werden in der pädagogischen Konzeption zum Umgang mit Beschwerden von Kindern oder zur kindlichen Partizipation angeführt oder wie ist das Wissen und die Umsetzung bezüglich der Kinderrechte als Basis eines grenzachtenden, gewaltfreien Umgangs mit Kindern im KiTa-Alltag geregelt (Urban-Stahl 2013)?

Zusammenfassend kann an dieser Stelle festgehalten werden, dass Information und Transparenz, Verlässlichkeit und Verbindlichkeit, Responsivität, Evaluation, Überarbeitung und Weiterentwicklung Voraussetzungen für eine gelingende Implementierung eines Leitbildes sind (Maywald 2019, Urban-Stahl 2013). Die Aufgabe der KiTa-Leitung ist es,

- den Entwicklungsprozess anstoßen und (zeitliche, materielle etc.) Ressourcen zur Verfügung zu stellen,
- die Perspektiven aller Beteiligten (pädagogische Fachpersonen, Kinder, Träger) zu berücksichtigen,
- für eine fehlerfreundliche, respektvolle Gesprächs- und Rückmeldekultur zu sorgen (Mitarbeiter*innengespräche, gemeinsame Erarbeitung einer pädagogischen Grundhaltung),
- sicherzustellen, dass alle neuen Mitarbeiter*innen hinsichtlich des Leitbildes informiert und eingearbeitet werden, sowie
- weitere Fortbildungen zu Themen wie Beschwerdemanagement, Partizipation, Kinderrechte als stetigen Weiterbildungs- und Professionalisierungsprozess zu initiieren (Urban-Stahl 2013).

Teil 2: Methoden

7 Methoden zur Bearbeitung des Themas »grenzachtende und gewaltfreie Erziehung« mit pädagogischen Teams[1]

7.1 Methodenblatt: »Ist das schon übergriffig?!« (Teamreflexion)

Ziel: Den aktuellen Stand des Teams hinsichtlich der Haltung zu übergriffigem oder grenzüberschreitendem Verhalten feststellen. Diese Methode ist für den Einstieg in die Thematik geeignet.

Zeitbedarf: ca. 30 Minuten

Tools: exemplarische Situationen, Reflexionskarten

Vorbereitung: Das Team stellt sich in einen Kreis mit dem Rücken zueinander auf.

Ablauf: Ein Teammitglied oder die Leitung leitet diese Methode der Reflexion an. Die restlichen Teammitglieder stellen sich in einem Kreis auf, mit dem Rücken zur Kreismitte. Die Anleitung liest »typische Sätze« von Fachkräften und/oder Situationen aus dem pädagogischen Alltag vor. Die Teammitglieder sollen, wenn sie den vorgelesenen Satz oder die geschil-

---

[1] Alle beschriebenen Methoden stammen aus dem persönlichen Erfahrungsschatz der Autor*innen – als Teilnehmer*innen und Anleiter*innen. Ggf. werden die Methoden auch von Kolleg*innen in der beschriebenen oder einer abgewandelten Form genutzt. Finden sich bei den im Folgenden dargestellten Methoden keine Quellenangaben, so möchten wir damit keinesfalls ausdrücken, dass wir uns als Schöpfer*innen dieser Methoden verstehen.

derte Situation als grenzverletzend oder übergriffig einordnen, einen Schritt nach vorne gehen. Nach und nach werden mehrere Sätze und Situationen vorgelesen. Folgende Sätze können wir für diese Übung empfehlen:

- »Egal, ob dir warm ist oder nicht, die Jacke bleibt an.«
- »Wer nicht aufisst, bekommt auch keinen Nachtisch!«
- »Ich habe den Eindruck, du bist sehr müde, möchtest du dich heute mit den anderen ausruhen?«
- »Wer nicht probiert, kriegt auch keinen Nachtisch!«
- »Oh, hast du dir weh getan, mein kleiner Schatz?«
- »Wenn du nicht aufräumst, kannst du morgen nicht im Bauraum spielen!«
- »Den Schnuller brauchst du doch gar nicht. Der ist nur für Babys!«
- »Wenn ihr nicht zusammen spielen könnt, ohne zu streiten, dann macht ihr jetzt eine Spielpause und spielt etwas anderes!«
- »Wenn du dich nicht an die Regeln im Außengelände hältst, kannst du noch nicht allein dort spielen!«
- »Hast du dir schon wieder in die Hose gemacht?!«
- »Jetzt hör auf zu heulen, du weißt, dass deine Mama jeden Tag wiederkommt, also lass das Theater!«
- »Kinder brauchen feste Rituale, natürlich müssen alle jüngeren Kinder mittags einen Mittagsschlaf machen.«

Folgende Situationen können wir für diese Übung empfehlen:

- Als Fachkraft ohne Anklopfen und ohne Ankündigung die Toilettenkabine betreten.
- Als Fachkraft dem Kind das Kuscheltier einfach wegnehmen.
- Als Fachkraft dem Kind ein Lätzchen umbinden, ohne das Kind vorher zu fragen.
- Eine Fachkraft äußert, dass es im Raum sehr stinkt, und fragt, wer das war.
- Die Fachkraft sagt beim Wickeln: »Ihh, was hast du denn gegessen? Das stinkt ja fürchterlich.«

- Die Fachkraft geht zum Kind, dem Schnodder aus der Nase tropft, und sagt: »Ihh, du bist ja eklig. Putz dir die Nase.«
- Vor dem Kind schlecht über die Familie des Kindes sprechen: »Das war ja klar, dass deine Mama den Proviant für den Ausflug vergisst.«

Nachdem die Sätze vorgelesen wurden, wenden sich alle auf ihrer Position verbleibend wieder der Kreismitte zu.

Reflexionsfragen zur Auswertung:

- Nehmen Sie wahr: Wo stehe ich gerade?
- Nehmen Sie wahr: Wo stehen meine Kolleg*innen?
- Welche Beispiele waren für mich klar grenzüberschreitend?
- Bei welchen Beispielen bin ich mir unsicher?
- Wieso stehen wir an unterschiedlichen Stellen? Was bedeutet das für unsere Arbeit im Team?
- Wie habe ich die Übung erlebt?

Varianten:

a) Alternativ zur ersten Variante können Sie auch nach jedem Satz eine kurze Reflexion mit den Teammitgliedern durchführen.

b) Alternativ oder ergänzend zu den vorgeschlagenen Situationen können Sie auch zuvor mit dem Team auf Zetteln eigene Situationen und Aussagen sammeln, die die Teammitglieder beschäftigt, sie eventuell bereits erlebt haben und/oder für sie klar grenzüberschreitend sind und über die Sie mit den anderen Teammitgliedern gerne sprechen möchten.

(Angelehnt an: Nürnberger Menschenrechtszentrum I NMRZ (o.J.))

7.2 Methodenblatt: »… und wie fühlt es sich an?«

Ziel: Die Selbstreflexionsmethode soll dazu dienen, die eigenen Erfahrungen in der Kindheit oder Jugend und deren Zusammenhang zum professionellen pädagogischen Beruf zu reflektieren und einzuordnen. Hier können die eigene Haltung, die eigenen biografischen Erlebnisse und Werte hinterfragt werden.

Zeitbedarf: ca. 30 Minuten

Tools: Plakat »Best of Pädagogen: Pädagogischer Zeigefinger«, nach einer Idee von Mike Weimann[2]

Vorbereitungen: keine

Ablauf: Eine Person leitet die Reflexionsmethode an. Das restliche Team schließt die Augen und hört der leitenden Person aufmerksam zu. Die anleitende Person liest die Sätze vom Plakat »Best of Pädagogen« langsam und deutlich vor, z. B.:

- D – Dann hast du auch keinen Hunger
- M – Mach nicht so ein Theater
- S – So erreichst du gar nichts

Folgende Fragen eignen sich zur Reflexion des Gehörten:

- Welches Gefühl habe ich gerade?
- Wie ist es mir während der Übung ergangen?
- Welche Sätze habe ich vielleicht selbst einmal gehört?
- Was lösen diese Sätze in mir aus?
- Welche Sätze hätte ich lieber gehört?

---

[2] Redaktion wamiki, Was mit Kindern GmbH, Kreuzstr. 4, 13187 Berlin

Idee: Formulieren Sie im Team die Sätze so um, dass sie ressourcenorientiert und mit positivem Blick auf die Kinder gerichtet sind. Welche Sätze lassen Kinder wachsen? Welche machen sie stark?

Varianten: Anstelle der Reflexion in der großen Gruppe können die Teammitglieder sich in Kleinteams oder Paaren zusammenfinden und reflektieren.

7.3 Methodenblatt »Das wird man wohl noch sagen dürfen«

Ziel: Die Einordnung von Praxisbeispiele zur Frage, ob das beschriebene Verhalten grenzüberschreitend ist, dient zur Verknüpfung des Fachwissens mit dem pädagogischen Alltag. Hierdurch kann ein Bewusstsein im Team geschaffen werden, wo Grenzen liegen und wo sie leicht im Alltag überschritten werden. Die Methode kann als Vertiefung von fachlichen Diskussionen genutzt werden.

Zeitbedarf: ca. 45 Minuten

Tools: grüne, blaue und rote Karten, Praxisbeispielkarten

Vorbereitung: Jedes Teammitglied erhält jeweils eine Karte jeder Farbe.

Ablauf: Das Team sitzt im Kreis. Ein*e Kolleg*in leitet die Methode durch das Vorlesen der Situationen an. Die grüne Karte bedeutet, dass aus Sicht der teilnehmenden Fachkraft keine Gefahr aus dieser Situation für das Kind hervorgeht und grenzachtend und gewaltfrei gehandelt wurde. Die blaue Karte drückt Unsicherheit oder Unklarheit des Teammitglieds hinsichtlich der Einschätzung der Situation aus. Die rote Karte signalisiert, dass seitens des Teammitglieds ein grenzverletzendes und/oder gewaltsames Handeln in der Situation vorliegt.

Die Anleitung liest jeweils ein Praxisbeispiel vor und fragt dann die Teilnehmer*innen:

- Wie ordnet ihr dieses Beispiel ein? (Die Teammitglieder halten die entsprechende Karte hoch)
- Was sind Ihre Gedanken hinsichtlich gewaltfreier und grenzachtender Erziehung bezogen auf das Fallbeispiel?
- Welche Begründung liegt Ihrer Einschätzung zugrunde?
- Wenn es unterschiedliche Einschätzungen gibt: Wie gehen wir mit diesen unterschiedlichen Einschätzungen um?

Typische Praxisbeispiele aus dem pädagogischen Alltag verfassen:

- Pia hat heute ihr Kuscheltier Emmchen dabei. Der Start in den Tag und die Trennung von ihrer Mama war heute schwierig für sie. Auch ihren Schnuller braucht die 3;2-Jährige heute Morgen noch. Als ihre Erzieherin Louisa das sieht, reagiert sie wie folgt: »Pia ist das Dein Ernst? Jeden Tag das gleiche Theater, darauf habe ich langsam keine Lust mehr.« Louisa geht zu Pia und nimmt ihr den Schnuller und Emmchen ab. Sie legt es auf den Erzieher*innenschrank in eine Höhe, auf die Pia nicht allein zugreifen kann. Pia bricht in Tränen aus.
- Can sitzt am Essenstisch und schiebt den leeren Teller immer wieder von sich weg. Sein Erzieher Felix beugt sich von hinten über ihn und sagt mit sehr lauter strenger Stimme: »Lass es...!« Dabei knallt er den Teller vor Cans Bauch auf den Tisch. »Der bleibt jetzt genau so stehen, hast du mich verstanden, Freundchen?« Can erschrickt und bleibt wie versteinert am Tisch sitzen.
- Nadines Windel läuft fast aus. Sie (13 Monate) spielt auf dem Rollenspielteppich und der Windelinhalt droht sich auf dem Teppich zu verteilen. Ihre Erzieherin Olga hebt sie ungefragt hoch und trägt sie in den Waschraum in die Dusche. Nadine beginnt zu weinen. Olga sagt: »Ich weiß, du gehst gar nicht gerne hier duschen, aber ich muss dich nun mal sauber machen, sonst wirst du wund.«

7 Bearbeitung des Themas »grenzachtende und gewaltfreie Erziehung«

- Daniel, die pädagogische Fachkraft, läuft gerade von einer Besprechung mit der Einrichtungsleitung aus dem Büro durch den Flur zurück in die Gruppe. Vor ihm geht die fast dreijährige Ardea in Gedanken versunken. Mit den Fingern der rechten Hand fühlt Ardea die Struktur des Wandbelags. Sie summt. Daniel schleicht sich an, bleibt hinter ihr stehen, beginnt, sie zu kitzeln, hebt sie an und sagt: »Buh, da hab' ich dich.« Er lacht, während Ardea erschrocken zusammenzuckt.
- Louis, Enrique, Theo und Mats sind beste Freunde. Sie spielen am liebsten zusammen im Außengelände. Auch heute möchten sie gerne gemeinsam hinausgehen. Ihre Erzieherin Andrea, teilt ihnen jedoch mit: »Nein heute geht es nicht. Ihr müsst heute drinnen spielen, weil ihr auch mal lernen müsst, etwas Ruhiges zu machen, z. B. ein Puzzle. Ihr geht schließlich bald in die Schule und da kann man auch nicht immer nur draußen spielen. Andrea legt ihnen verschiedene Puzzles auf die Tische in der Gruppe. »So, und nun macht mal die Puzzles. Danach gucken wir weiter. Jeder für sich.«
- Im Morgenkreis trifft sich jeden Morgen die Ameisengruppe, um sich zu begrüßen, aktuelle Themen zu besprechen und den Tag gemeinsam zu planen. Milena (4;2 Jahre) möchte gern etwas erzählen und legt los. »Milena, Schluss jetzt! Wie oft muss ich dir die Gesprächsregeln noch erklären?«, schimpft Johanna, ihre Erzieherin. »Irgendwann musst selbst du sie doch können. Geh und setzt dich vorne auf den Stuhl! Von da aus kannst du zugucken und lernen, wie man sich hier benimmt und welche Regeln hier gelten.« Milena ist erschrocken und weint. Traurig geht sie in Richtung des Stuhls, auf den die Erzieherin mit ihrem ausgestreckten Zeigefinger und wütender Mimik zeigt.
- Es ist Ruhezeit und die Kinder der Igelgruppe können sich aussuchen, ob sie ein Buch mitlesen, im Nebenraum einer Klanggeschichte lauschen oder sich etwas anderes zum Spielen aussuchen. Lea hat sich eigentlich für die Traumreise entschieden. Sie rennt aber durch den Raum und möchte mit ihrer besten Freundin Fatima fangen spielen. Diese hat es sich jedoch im Kuschelnest bequem gemacht und ihr mitgeteilt, dass sie der Traumreise zuhören möchte. Lea rennt daraufhin wieder durch den Raum und hüpft erneut auf Fatima zu. Pascal, der Erzieher der Gruppe, bemerkt die Situation und geht auf Lea zu. »Lea, die Kinder hier möchten gerade etwas Ruhe. Ich möchte, dass du dich

ruhiger verhältst. Such dir bitte einen Platz aus, mach es dir gemütlich und hör zu. Ok?« Lea nickt und Pascal geht. Keine Minute später rennt Lea wieder lachend durch den Raum. »Das stört! Hör jetzt endlich auf!«, ruft Fatima. »Haha«, antwortet Lea. Pascal kommt rein und sagt »So, Lea, das Rennen und die Lautstärke stören hier sehr. Ich möchte, dass du jetzt rauskommst und dir etwas anderes zum Spielen suchst. Wenn du willst, kannst du draußen rennen, aber hier nicht.« Lea guckt grimmig und verlässt stampfend den Raum.

Variante: Die einzelnen Teammitglieder könnten auch selbst ein Beispiel, zu dem sie gerne die Einschätzung der Kolleg*innen hätten, vortragen und anschließend anhand der Reflexionskarten ins Gespräch kommen.

7.4 Methodenblatt: »Solang du deine Beine unter meinem Tisch stellst ...«

Triggerwarnung: Wenn Sie sich an viele schöne Kindheitserlebnisse und Momente mit Ihren Erziehungsberechtigten erinnern, an die Sie gerne zurückdenken, ist dies ein Schatz, auf den Sie ein Leben lang zurückgreifen können. Bitte bedenken Sie jedoch, dass es auch schmerzhafte und traurige Momente sein können, die einer Person als erstes in Erinnerung gerufen werden. Daher ist bei dieser Übung Empathie, Wertschätzung, Feingefühl und Respekt sowie Freiwilligkeit an der Teilnahme erforderlich.

Ziel: Die Methode soll dazu dienen, die eigene pädagogische Haltung auf Basis der eigenen biografischen Erfahrungen zu reflektieren und deren Zusammenhänge mit dem eigenen pädagogischen Handeln zu erkennen.

Zeitbedarf: ca. 30 Minuten

Tools: Zettel, Stifte

Ablauf: Die Anleitung fragt die Teilnehmer*innen: »Welcher Satz war der prägendste Satz ihrer Kindheit?« Anschließend schreibt jede*r Teilnehmer*in diesen Satz auf eine Karte auf. Nun stellt jedes Teammitglied den Satz (die Redewendung, den Ausdruck, die Assoziation) vor:

- Warum war der Satz so wertvoll? Oder auch: Warum hat der Satz so wehgetan?
- Wieso erinnere ich mich noch so sehr an den Satz?
- Welche Bedürfnisse hat dieser Satz bei mir befriedigt oder auch missachtet?
- Nutze ich diesen Satz in meinem eigenen pädagogischen Alltag?

Variante: Alternativ können die prägenden Aussagen auch an einer Flipchart gesammelt und anschließend vom Team betrachtet werden:

- Was sind Ihre Gedanken zu den Sätzen?
- Welche Assoziation haben Sie zu ihnen?

7.5 Methodenblatt: »Können wir wirklich über alles reden?«

Ziel: Bei dieser Methode geht es um die Einschätzung der Offenheit und Kooperationsfähigkeit im Team. Anhand von einer anonymen Einschätzung jeder*jedes Einzelnen soll eine erste Übersicht möglich sein und ein Ausgangspunkt für Gespräche zum Thema »Umgang mit Kritik« geschaffen werden. Damit wird eine wichtige Grundlage für die Herausbildung einer offenen Teamkultur als essenzielle Grundlage gewaltfreier und grenzachtender Erziehung gelegt. Denn nur, wo Erzieher*innen offen im Austausch miteinander sind, ist eine gute Haltung zu diesem Thema im Team möglich.

Zeitbedarf: ca. 60 Minuten

Tools: Seile o. ä. für den Zahlenstrahl, Zahlenkarten 1 bis 10, Muggelsteine, Flipchart, Stifte

Vorbereitung: Im Raum werden drei Linien mit Zahlen von 1 bis 10 auf den Boden gelegt. Drei Muggelsteine werden jeweils an die Teilnehmer*innen verteilt.

Ablauf: Alle Teammitglieder verlassen den Raum und geben nacheinander und einzeln ihre Einschätzung ab. Die Zahl 1 steht für den geringsten Wert und damit für »gar nicht«, die Zahl 10 steht für einen sehr hohen Wert und somit für »absolut zutreffend« oder »sehr«. Mithilfe eines Muggelsteins schätzt jedes Teammitglied ein, inwieweit eine kritikoffene Haltung im Team besteht:

- Erste Linie: Wie offen kann ich Kritik äußern?
- Zweite Linie: Wie »gut« (meint »konstruktiv«) wird mit der geäußerten Kritik umgegangen?
- Dritte Linie: Wie gehe ich selbst mit Kritik um? Kann ich selbst gut Kritik annehmen?

Zudem kann eine Flipchart aufgehangen werden, auf der die einzelnen Teammitglieder Gedanken, Gefühle oder Bedenken zu diesem Thema äußern können. Anschließend treffen sich alle Teammitglieder im Raum und betrachten das Ergebnis:

- Was überrascht mich?
- Was hätte ich genauso eingeschätzt?
- Wieso ist das Ergebnis womöglich so, wie es ist?
- Was braucht es, um die Dialogfähigkeit in unserem Team zu stärken?

Im weiteren Verlauf der Übung stellen Sie sich nun die Frage: Was müsste passieren, damit Sie bei allen drei Fragen mit 10 (absolut zutreffend) antworten? Sammeln Sie die Ideen auf einer Flipchart. Welche Rituale, Austauschmöglichkeiten oder Methoden würden zu einer verbesserten Dialogfähigkeit im Team führen?

7.6 Methodenblatt: »Was ich dir schon immer sagen wollte ...«

Ziel: Mithilfe dieser Methode erarbeiten Sie im Team das Thema »Professionell Rückmeldung geben und erhalten«. Hinsichtlich der Stärkung der Dialogfähigkeit, wie auch der Kritikfähigkeit ist es wichtig, sich im Team über angemessene Umgangsformen diesbezüglich auszutauschen und eine gemeinsame Vorstellung zu haben. Anhand dieser Methode können Feedbackregeln im Team erarbeitet werden.

Zeitbedarf: ca. 60 Minuten

Tools: Papier, Stifte, Flipchart, farbige Karten (rot, gelb und grün)

Vorbereitung:

- Erster Schritt:
  Zunächst erhält jedes Teammitglied eine bestimmte Anzahl an Karten (zwei bis fünf), je nach Teamgröße. Die Teilnehmenden werden darum gebeten, ihre eigenen Erfahrungen hinsichtlich des Themas »Kritik erhalten« und »Kritik geben« aufzuschreiben. Pro Karte wird eine Erfahrung aufgeschrieben. Dies geschieht anonym. Nach ca. 10 bis 15 Minuten sammelt die Anleitung alle Karten ein und mischt diese.
- Zweiter Schritt:
  Die farbigen Karten werden an die Teilnehmer*innen ausgeteilt. Jedes Teammitglied erhält insgesamt drei Karten, je Farbe eine Karte. Die anleitende Person liest die Feedbackkarten vor. Nach jedem Beispiel heben die Teammitglieder eine Karte hoch.

- rot = geht gar nicht
- gelb = kann ich tolerieren
- grün = so wünsche ich mir Kritik

Am Ende kommt das Team ins Gespräch zur Frage: »Wie wünsche ich mir Kritik zu meinem pädagogischen Verhalten?«
Bedenken Sie: Es geht hierbei um professionelle Kritik an ihrer pädagogischen Arbeit, nicht an Ihnen als Person. Anhand von Kritik und Selbstreflexion lässt sich das eigene Handeln einordnen und Handlungsalternativen können geplant und umgesetzt werden.

Variante: Sie können die Haltung der Teammitglieder auch mithilfe der Fünf-Finger-Methode sammeln, wobei den einzelnen Fingern folgende Aspekte zugeordnet werden können:

- Daumen: Dieses Feedback war wunderbar!
- Zeigefinger: Dieses Feedback hätte besser laufen können!
- Mittelfinger: Dieses Feedback hat mir gestunken!
- Ringfinger: Dieses Feedback hat mich emotional berührt!
- Kleiner Finger: Das kommt mir bei unseren Feedbacks zu kurz!

Weitere anregende Fragen zum Thema:

- Welche festgelegten Rituale erleichtern uns im Team die Reflexion der pädagogischen Arbeit?
- Welche Methoden könnten genutzt werden, um regelmäßige Reflexionen des eigenen Handelns durchzuführen?

(Angelehnt an: Walter-Laager, Hanisch, Lasson & Lassotta (Hrsg.) (2020), S. 22)

7.7 Methodenblatt: »Die armen Kinder in Afrika«

Ziel: Die Methode kann zum Einstieg mit der Auseinandersetzung eigener Erziehungserfahrungen in der Kindheit genutzt werden.

Zeitbedarf: ca. 45 Minuten

Tools: Bildkarten; als visueller Impuls lassen sich verschiedenste Bilder nutzen, auf die sich gewisse »Werte« beziehen lassen. Beispiele hierfür könnten Bilder sein, auf denen

- Geld zu sehen ist,
- eine Familie beim Abendessen zusammensitzt,
- jemand auf der Couch isst,
- jemand die Füße auf dem Tisch abgelegt hat,
- jemand ein Buch vorliest,
- eine Postkarte aus dem Urlaub abgedruckt ist,
- ein Strand oder Berge zu sehen sind,
- jemand körperlich arbeitet,
- Geschenke zu sehen sind,
- Natur zu sehen ist,
- ein Schlüssel abgebildet ist,
- Haustiere zu sehen sind,
- verschiedene Wohnungstypen abgebildet sind (Mehrfamilienhaus, Hochhaus, Einfamilienhaus etc.),
- jemand mit dem Smartphone beschäftigt ist,
- Fernseher, Spielekonsolen zu sehen sind,
- eine unordentliche Wohnung bzw. eine sehr ordentliche Wohnung zu sehen ist,
- jemand ein Kind an der Hand hält, umarmt,
- jemand alleine ist.

Damit Sie keine Urheberrechte bei der Vervielfältigung oder der Verwendung der Bilder verletzen, sollten Sie darauf achten, dass Sie eigene Fotografien verwenden oder freigegebene, nicht lizensierte Bilder aus dem Internet nutzen. Diese finden Sie auf verschiedenen Internetforen wie z. B.:

- https://www.flickr.com/ (Bilddatenbank, nach CC-Lizenzen filterbar)
- https://pixnio.com/ (Bilddatenbank mit ausgewiesenen CC-Lizenzen, nach freien, unlizenzierten Bildern filterbar)

Vorbereitung:
Die Teilnehmer*innen sitzen im Kreis zusammen. In die Mitte des Kreises legt die Leitung die Bildkarten. Alle betrachten die Bilder zunächst und jede*r kann sich dann eine Karte auswählen, die bei der Person eine Kindheits- oder Jugenderinnerung auslöst oder zu der sie am ehesten eine pädagogische Assoziation hat. (Die Wahl des Auswahlkriteriums trifft die Anleitung, je nach Team und Teamentwicklungsstand.) Anschließend stellt jede Person die ausgewählte Karte vor und ist eingeladen zu erläutern, warum sie*er diese Karte gewählt hat.

Variante: Die Karten werden in der Mitte des Kreises verteilt. Nun stellt die Anleitung beispielsweise folgende Fragen:

- Was sehen Sie?
- Was sind Ihre ersten Gedanken?
- Welches Bild löst am meisten in Ihnen aus?
- Welche Karte erinnert Sie an ihre Kindheit, welche auf keinen Fall?

Diese Variante ist etwas freier gestaltet und erleichtert so eventuell den Gesprächsfluss.

(Angelehnt an: Walter-Laager, Hanisch, Lasson, & Lassotta (Hrsg.) (2020), S. 29)

7.8 Methodenblatt: »Sätze, die beflügeln können«

Ziel: Der kurze Austausch und der Raum zur Selbstreflexion sollen dazu dienen, sich in die Perspektive des Kindes zu versetzen und sich dessen Bedürfnissen bewusstzuwerden. Zudem kann die Methode als Einstieg zur Erarbeitung kindlicher Bedürfnisse genutzt werden.

Zeitbedarf: ca. 45 Minuten

Tools: Zettel, Stifte, Flipchart

Ablauf: Jedes Teammitglied erhält einen Zettel und einen Stift. Nun schreibt es auf diesen Zettel, welchen Satz es selbst als Kind am liebsten von seinen Eltern gehört hätte oder hat. Anschließend stellen alle Teammitglieder ihre Sätze vor. Die Anleitung stellt nun folgende Fragen, um mit den Teilnehmer*innen in den Austausch zu kommen:

- Warum habe ich diesen Satz ausgewählt?
- Was löst er in mir aus?
- Was ist mein Wunsch/Bedürfnis hinter diesem Satz?

Im zweiten Schritt können Bedürfnisse und/oder Werte, die in der Familie wichtig waren, auf der Flipchart gesammelt werden. Nun kann die Anleitung über die schriftlich festgehaltenen Werte in die Übertragung auf die pädagogische Arbeit hinleiten:

- Welche Werte prägen meine pädagogische Arbeit bis heute?
- Inwieweit beeinflussen diese Werte meine professionelle Arbeit positiv oder negativ?
- Welche Vorstellung von Erziehung trage ich in mir?

Abschließend kann die Anleitung auf den Facettenreichtum im Team eingehen und der Bedeutung der Erkenntnis solcher Wertvorstellungen/ Erfahrungen in der professionellen pädagogischen Arbeit Raum geben.

7.9 Methodenblatt: »… und andererseits, dann …«

Ziel: Die Methode dient dazu, auf kreative Art Handlungsansätze für gewaltfreie und grenzachtende Erziehung zu finden und den konkreten Umsetzungsstand eines Aspektes zu analysieren. Dabei greift die Methode die Tatsache auf, dass es Menschen oft leichter fällt, negative Zustände zu beschreiben als positive. Am Ende der Übung werden die »Lösungen« wieder »auf die Füße gestellt«.

Zeitbedarf: 30 bis 45 Minuten

Tools: Stifte, Flipchart

Ablauf: Die Anleitung zeichnet drei Tabellenspalten (»Flop«, »Zustand« und »Flip«) auf ein Flipchart-Papier (▶ Abb. 6). Sie*Er stellt eine negativ formulierte Frage. Folgende Fragen könnten Sie als Einstiegsfrage nutzen:

- Was müsste passieren, damit die Eingewöhnung eines Kindes misslingt und die Eltern ihr Kind wieder abmelden?
- Wie müssten wir Entscheidungsprozesse gestalten, um möglichst nicht partizipativ mit den Kindern zu arbeiten?
- Wie müssten wir das letzte KiTa-Jahr für die Kinder gestalten, damit die Kinder keine Lust auf die Schule haben?
- Was könnten wir den Eltern beim ersten Kennenlernabend erzählen, damit sie gelangweilt und desinteressiert sind?

- Wie müssten wir mit den Kindern, mit den Eltern kommunizieren, um möglichst respektlos zu sein?
- Wie müssten wir uns Feedback geben, damit die Kolleg*innen nichts damit anfangen können?
- Wie können wir den Tagesablauf so gestalten, dass er nicht den Bedürfnissen der Kinder entspricht?
- Wie können wir Elternarbeit gestalten, damit sie sich beim Träger über diese beschweren würden?
- Wie könnte eine Raumgestaltung aussehen, damit sie für Kinder unter drei Jahren absolut ungeeignet wäre?
- Wie könnten Angebote und Impulse gestaltet sein, dass sie für Kinder langweilig und frustrierend sind?
- Wie könnten wir die Kommunikation mit Kindern gestalten, damit sie ein negatives Selbstbild und einen schlechten Selbstwert entwickeln?

Die Teilnehmer*innen formulieren alle negativen Ideen (Brainstorming), teilen diese mündlich mit und die Anleitung schreibt diese in die »Flop«-Spalte der Tabelle. Wenn keine neuen Anmerkungen mehr gemacht werden, bittet die Anleitung die Teilnehmer*innen, die negativen Ideen in positive umzuwandeln, und trägt diese in der »Flip«-Spalte ein. Nachdem für jede Nennung ein Gegenpol gefunden ist, lässt die Anleitung die Teilnehmer*innen jede Nennung bewerten: als Ist-Zustand (»I«) oder als zu verändernden Soll-Zustand (»S«). Aus dem Soll-Zustand ergeben sich neue Impulse und Anlässe, die Qualität der pädagogischen Arbeit weiterzuentwickeln.

(Angelehnt an: Walter-Laager, Hanisch, Lasson & Lassotta (Hrsg.) (2020), S. 38)

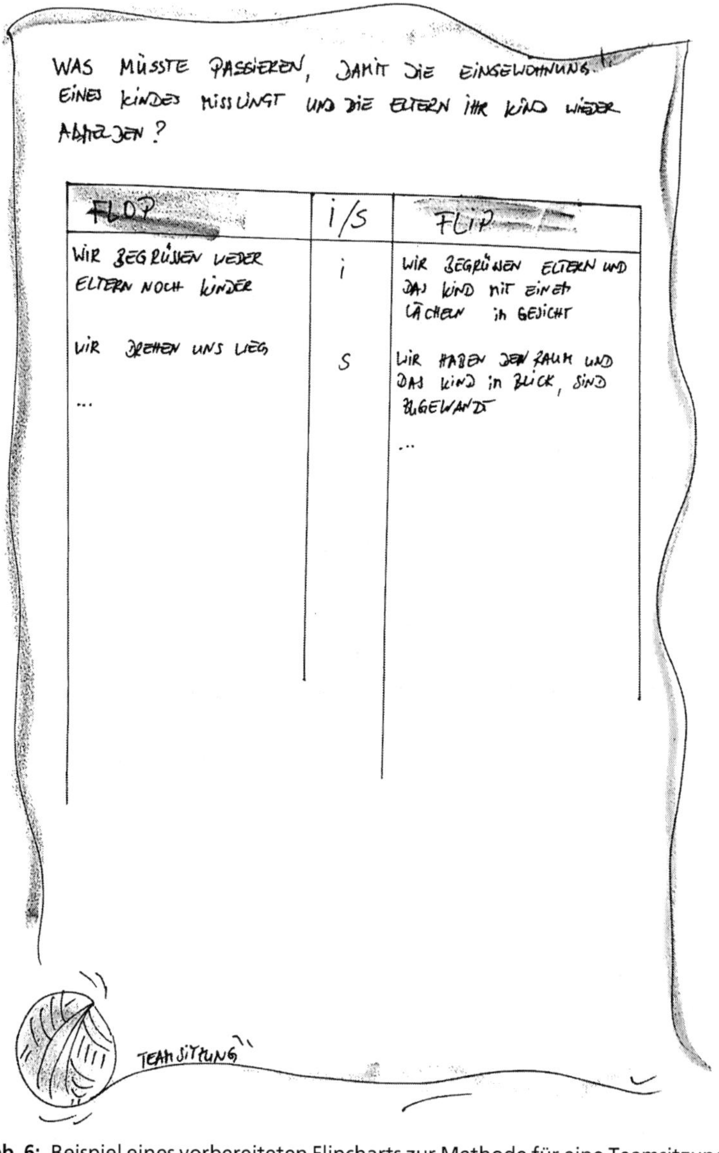

WAS MÜSSTE PASSIEREN, DAMIT DIE EINGEWÖHNUNG EINES KINDES MISSLINGT UND DIE ELTERN IHR KIND WIEDER ABMELDEN?

FLOP?	i/s	FLIP
WIR BEGRÜSSEN WEDER ELTERN NOCH KINDER	i	WIR BEGRÜSSEN ELTERN UND DAS KIND MIT EINEM LÄCHELN IM GESICHT
WIR DREHEN UNS WEG ...	s	WIR HABEN DEN RAUM UND DAS KIND IM BLICK, SIND ZUGEWANDT ...

TEAMSITZUNG

Abb. 6: Beispiel eines vorbereiteten Flipcharts zur Methode für eine Teamsitzung

7.10 Methodenblatt: »Bei uns doch nicht! ... oder vielleicht doch?«

Ziel: Die Methode soll dazu dienen, sich als Team über Erfahrungen, Meinungen und Einstellungen zum Thema des Kinderschutzes in Institutionen auszutauschen. Aus dem Diskurs können Gemeinsamkeiten und Unterschiede sichtbar werden.

Zeitbedarf: 30 bis 60 Minuten (ca. 5 Minuten pro Frage)

Tools: vorbereitete Fragen zum Thema

Ablauf: Die Anleitung bittet die Teilnehmer*innen, sich in einem inneren und in einem äußeren Kreis aufzustellen, so dass sie sich paarweise gegenüberstehen. Dann stellt die Anleitung die erste vorbereitete Frage (z. B. »Woran erkennst Du, dass die Rechte des Kindes in unserer Einrichtung umgesetzt werden?«).

Die Teilnehmer*innen haben drei Minuten Zeit, sich mit ihrem Gegenüber zu der Frage auszutauschen und über eigene Erfahrungen bzw. Haltungen zu dem Thema zu sprechen. Nach Ablauf der drei Minuten dreht sich der äußere Kreis um eine Person nach rechts, so dass sich eine neue Paarkonstellation ergibt. Die Anleitung liest die weiteren Fragen vor, zu der sich die neu gebildeten Paare wieder für drei Minuten austauschen. Das Drehen des äußeren Kreises um eine weitere Person nach rechts wird bei jeder weiteren Frage erneut durchgeführt, so dass sich immer wieder neue Gesprächspartner*innen austauschen.

Weitere mögliche Fragen:

- Was ist deine Lieblingsmethode, um Kinder mitentscheiden zu lassen?
- Wie leicht fällt es dir, Entscheidungen an Kinder abzugeben?
- Wann hast du dich das letzte Mal als »zu streng« wahrgenommen? Was war ein Auslöser für deine Einschätzung?

- Wann hast du dich das letzte Mal als inkonsequent handelnd reflektiert? Wie hast du dich vorher verhalten? Was hat dich so handeln lassen? Worüber bist du »gestolpert«?
- Wann hast du das letzte Mal bedürfnisorientiert gehandelt?
- In welchen Situationen gelingt es dir gut, die Interessen und Bedürfnisse von Kindern zu berücksichtigen?
- Bei welcher Gelegenheit oder wann (im Tagesablauf) wirst du gehindert, kindliche Bedürfnisse und Interessen angemessen zu berücksichtigen?
- Wie findest du es, wenn Kinder zuerst ihren Nachtisch essen, bevor Sie die Hauptspeise essen?
- Wie sollte deiner Meinung nach eine ideale Ruhephase gestaltet sein?
- Wann bist du das letzte Mal Kindern gegenüber lauter geworden und warum?
- Worüber und wann hast du das letzte Mal laut mit Kindern zusammen gelacht?
- Wann, wie und worüber hast du mit den Kindern philosophiert?
- Wann und worüber hast du das letzte Mal vor anderen Kindern über ein anderes Kind geredet?
- Wann hast du das letzte Mal negativ über Eltern in Beisein von Kindern gesprochen?
- In welchen Situationen fällt es dir leicht, in Ich-Botschaften zu sprechen? Wann fordert es dich heraus?
- Wie kommst du mit den Kindern über ihre Rechte ins Gespräch?
- Was hast du gemeinsam mit den Kindern entdeckt, was du vorher selbst nicht wusstest?
- Wo würdest du dir bei uns mehr Partizipationsmöglichkeiten in der KiTa wünschen?
- Wie verhältst du dich, wenn du eine grenzverletzende Situation beobachtest?

7.11 Methodenblatt: »Jede Meinung zählt! Lasst es uns zusammentun«

Ziel: Die Methode soll dazu dienen, als Team gemeinsam einen Teilaspekt des Themas »grenzachtende und gewaltfreie Erziehung« zu erarbeiten.

Zeitbedarf: 45 Minuten

Tools: Tische, Stifte, mehrere Bögen vorbereitetes Flipchart-Papier (Placemate-Optik, fünf Felder, wobei im mittleren Feld zunächst nicht geschrieben werden soll)

Abb. 7: Beispiel eines vorbereiteten Flipcharts für die Placemate-Methode

Ablauf: Die Anleitung bereitet entsprechend der Anzahl der Gruppen (die auf Grund der Teamgröße gebildet werden können) Flipchart-Papiere vor (▶ Abb. 7). Die Teilnehmer*innen bilden Vierergruppen. Jede Gruppe setzt sich um einen Tisch. Auf jedem Tisch liegt ein vorbereitetes Flipchart-Papier. Jede*r Teilnehmer*in einer Gruppe hat nun einen eigenen Ausschnitt vor sich. Alle Vierergruppen bearbeiten nun dasselbe Thema. Beispiele für Themen sind:

- Professionelle Nähe und Distanz:
  Wie gestalten wir professionelle Nähe zu den Kindern?
- Individualität und Gruppe:
  Wie gelingt es uns, individuelle Bedürfnisse und Interessen umzusetzen sowie gleichzeitig die Bedürfnisse der Gruppe zu berücksichtigen?
- Partizipation in Krippe und KiTa:
  Was bedeutet für uns Partizipation? Woran erkennt man sie?
- Grenzachtendes Handeln:
  Wie sichern wir grenzachtendes Handeln im pädagogischen Alltag?
- Beschwerdeverfahren:
  Wie können sich Kinder und Erwachsene beschweren?
- Zusammenarbeit mit Familien:
  Wie können die Lebenswelten der Kinder miteinander vernetzt werden?
- Mittagessen in Krippe und KiTa:
  Wie kann das Mittagessen partizipationsfördernd gestaltet werden?
- Bild vom Kind:
  Welches Bild vom Kind leitet unser pädagogisches Handeln?
- Übergänge gestalten:
  Wie gestalten wir kleine Übergänge im pädagogischen Alltag und große Übergänge (von der Krippe in den Kindergarten oder vom Kindergarten in die Schule) für jedes Kind angemessen?
- Kindergartenfest:
  Wie können wir die Kinder in die Planung und Umsetzung des Kindergartenfestes einbeziehen?
- Leitbildentwicklung:
  Welche Gedanken und Überzeugungen leiten mich als pädagogische Fachkraft in meiner Arbeit mit den Kindern?
- Konzeptionsentwicklung:
  Welche Inhalte aus dem Bildungsplan des Bundeslandes, in dem ich tätig bin, werden in unserer Konzeption erwähnt? Welche fehlen noch? Was bedeutet das für unseren pädagogischen Alltag?

Jede*jeder Teilnehmer*in schreibt spontan Gedanken in ihren*seinen Ausschnitt. Wenn alle Teilnehmer*innen aus einer Vierergruppe fertig sind, lesen sie die Notizen der anderen aus ihrer Gruppe und tauschen sich über ihre Gedanken/Notizen aus. Sie diskutieren und einigen sich auf fünf Punkte, die eine gemeinsame Kernaussage bilden. Diese Punkte werden in die Mitte des Flipchart-Papiers geschrieben. Wenn alle Vierergruppen fertig sind, werden die jeweiligen Kernaussagen von den Gruppen im Plenum vorgestellt.

Variante: Als Variante der Methode können die Vierergruppen beispielsweise unterschiedliche Themen/Fragestellungen bearbeiten.

(Angelehnt an: Walter-Laage, Hanisch, Lasson & Lassotta (Hrsg.) (2020), S. 18)

7.12 Methodenblatt: »Das ist eindeutig am wichtigsten!«

Ziel: Die Methode soll dazu dienen, Fachtexte zum Thema »grenzachtende und gewaltfreie Erziehung« zu erarbeiten und sich die Inhalte effektiv zu erschließen.

Zeitbedarf: Textstellen schwärzen (Selbstlesezeit): 10 bis 15 Minuten (variiert nach Textlänge), Austausch und Diskussion im Team: 15 bis 20 Minuten

Tools: Kopien von Fachtexten für alle Teilnehmer*innen, schwarze Stifte Hier bieten sich z. B. folgende Fachtexte an:

- Epping, D. & Barta, M. (2022). Partizipationsanlässe als Lernprozesse – Beteiligung der Kinder im pädagogischen Alltag. In: KiTa aktuell, 2022 (2), S. 2–4.
- Pölzl-Stefanec, E. & Epping, D. (2023). Die Macht der Beteiligung. Die Haltung der pädagogischen Fachkräfte zählt. In: KrippenKinder. Praxiswissen für den U3-Alltag, (1), S. 10–14.
- Walter-Laager, C., Pölzl-Stefanec, E., Gimplinger, C. & Mittischek, L. (2018). Gute Qualität in der Bildung und Betreuung von Kleinstkindern sichtbar machen. Arbeitsmaterial für Aus- und Weiterbildungen, Teamsitzungen und Elternabende. Graz: Karl-Franzens-Universität. Umwelt-, Regional- und Bildungswissenschaftliche Fakultät, Institut für Erziehungs- und Bildungswissenschaft, Arbeitsbereich Elementarpädagogik.

Ablauf: Die Anleitung bringt einen ausgewählten Fachtext mit. Die Teilnehmer*innen lesen diesen individuell und haben die Aufgabe, alle Informationen, die ihnen nicht wichtig erscheinen, mit einem schwarzen Stift wegzustreichen. Anschließend tauschen sich die Teilnehmer*innen mit ihren Sitznachbar*innen über die individuellen Ergebnisse aus. Es folgt eine Diskussion zur Frage, welche Inhalte als wesentlich betrachtet wurden.

Schwärzen macht ein wichtiges Lernprinzip deutlich: Wir fokussieren uns laufend auf die jeweils wichtigen Informationen, die uns selbst bedeutsam erscheinen. Wann immer wir lesen, hören oder diskutieren, suchen wir mit unserem individuellen Fokus die für uns bedeutsamen Inhalte heraus und werten die übrigen Inhalte als unrelevant. Mit dieser Methode kann zweierlei erreicht werden: Zum einen regt sie an, über die Frage der Wichtigkeit des Lernstoffs nachzudenken, und animiert, selbstbewusst Entscheidungen zu treffen. Zum anderen ist sie eine gute Ausgangsbasis für Diskussionen und Selbstreflexion.

(Angelehnt an: Walter-Laager, Hanisch, Lasson & Lassotta (Hrsg.) (2020), S. 20)

7.13 Methodenblatt: »Also, ich sehe das so.«

Ziel: Die Methode soll dazu dienen, den Teilnehmenden einen thematischen Einstieg zu ermöglichen bzw. die Standpunkte einer Gruppe darzustellen.

Zeitbedarf: 20 bis 40 Minuten

Tools: Moderationskarten, Stifte, Kreppband

Ablauf: Die Anleitung beschriftet zwei Moderationskarten, eine mit »0 %«, die andere mit »100 %«. Im Raum wird eine lange Gerade mittels Kreppband aufgeklebt. Die Enden der Geraden werden mit der »0 %«-Karte bzw. der »100 %«-Karte versehen. Die Anleitung liest den Teilnehmer*innen zunächst eine (z. B. häufig kontrovers diskutierte) Situation vor. Die Teilnehmer*innen sollen sich entscheiden, wie sehr sie dem Verhalten der Fachkraft in der Situation zustimmen oder eher nicht zustimmen. Entsprechend ihrer Zustimmung verteilen sich die Teilnehmer*innen nun auf der Kreppbandlinie. Die persönliche Positionierung kann erläutert werden, wenn die Teilnehmer*innen es möchten, sie müssen dies aber nicht tun. Es gilt das Prinzip der Freiwilligkeit. Dabei sind Diskussionen und ggf. Positionsänderungen möglich bzw. erwünscht. Die Erläuterungen und Positionierungen können stichpunktartig und für alle sichtbar von der*dem Referent*in aufgeschrieben werden, um sich im weiteren Verlauf möglicherweise darauf beziehen zu können. Sie können hierzu die im Anhang nochmals zusammengefügten Fallvignetten nutzen.

Variante: Ja-nein-Spiel: Anstatt einer fließenden Zustimmungslinie (geklebtes Kreppband) gibt es nur »Ja«- oder »Nein«-Antworten, denen sich die Teilnehmer*innen zuordnen können.

(Angelehnt an: Walter-Laager, Hanisch, Lasson & Lassotta (Hrsg.) (2020), S. 22)

7.14 Methodenblatt: »Jetzt reden wir!«

Ziel: Die Methode lädt dazu ein, eine dynamische und überschaubare Diskussion zu Aspekten gewaltfreier und grenzachtender Erziehung zu führen.

Zeitbedarf: variabel

Tools: Nicht zwingend notwendig, aber denkbar: Flipchart und Marker zur Visualisierung des Themas oder zentraler Argumente

Ablauf: Die Anleitung positioniert Stühle in Form eines Innen- und eines Außenkreises im Raum (mindestens ein Stuhl pro Person). Sie*Er erläutert den Ablauf und die Regeln und bittet dann die Teilnehmer*innen, auf den Stühlen Platz zu nehmen. Im Innenkreis sitzen vier bis fünf Personen und diskutieren ein ausgewähltes Thema. Die Teilnehmer*innen im Außenkreis beobachten die Diskussion und können ebenfalls zur Diskussion beitragen:

- »Gast-Stuhl«: Im Innenkreis steht ein freier Stuhl, auf dem ein*e Teilnehmer*in des Außenkreises Platz nehmen und mitdiskutieren kann, bis sie/er alles gesagt hat oder eine andere Person aus dem Außenkreis auf dem Gast-Stuhl Platz nehmen will.
- »Platzmachen«: Ein*e Teilnehmer*in des Innenkreises räumt den eigenen Platz für eine Person aus dem Außenkreis. So kann diese nun mitdiskutieren.
- »Abklopfen«: Ein*e Teilnehmer*in aus dem Außenkreis darf ein Mitglied des Innenkreises antippen. Diese Person spricht nun ihren Satz zu Ende und gibt ihren Platz im Anschluss frei.

Regeln:

- Die Teilnehmer*innen des Innenkreises dürfen diesen jederzeit verlassen.
- Diskussionen im Außenkreis sind zu vermeiden.

7 Bearbeitung des Themas »grenzachtende und gewaltfreie Erziehung«

- Die Anleitung unterstützt den Ablauf und moderiert die Diskussion.

Mögliche Diskussionsimpulse:

- Mediennutzung im Kindergarten: Vom Konsumenten zum Produzenten oder medienfreie Zone?
- Doktorspiele sind normal? Wie das Entdecken von körperlichen Unterschieden entwicklungsfördernd begleitet werden kann
- Beschwerdeverfahren – Ab wann ist eine kindliche Reaktion eine Beschwerde und wie gehen wir damit um?
- Ist Partizipation ein Deckmäntelchen für Laissez-faire? Dürfen die Kinder einfach alles entscheiden? Wie Partizipationsprozesse zu Lernprozessen werden können
- Zwischen Beteiligungs- und Schutzrechten – Wie wägen wir als Team zwischen Schutz und Beteiligung ab? Wann ist der Schutz höher zu werten als die Beteiligung?
- Hinschauen, Ansprechen, Rückmelden: Wie sprechen wir im Team konkret inadäquates, übergriffiges Handeln an?

Alternativ können Sie sich auch mit den Verhaltensweisen aus der »Ampel« des DPWV befassen (▶ Kap. 1.1). Die Ergebnisse der Diskussion können abschließend im Plenum reflektiert werden.

Variante: Als Variante kann die Methode auch mit einer »geschlossenen Diskussionsgruppe« durchgeführt werden. Die Besetzung des Innenkreises wird festgelegt und nach einer bestimmten Zeit (z. B. nach fünfminütiger Diskussion) wechseln die Teilnehmenden zwischen Innen- und Außenkreis.

(Angelehnt an: Walter-Laager, Hanisch, Lasson & Lassotta (Hrsg.) (2020), S. 24)

7.15 Methodenblatt: »Sollen die denn dann bald alles allein entscheiden?«

Ziel: Die Methode dient dazu, im Team Perspektiven zu entwickeln, Entscheidungen zu treffen, Prioritäten zu entwickeln und das pädagogische Handeln im Bereich des institutionellen Kinderschutzes zu professionalisieren sowie die Konzeption zu entwickeln bzw. weiterzuentwickeln.

Zeitbedarf: 45 Minuten

Tools: Moderationskarten, Stifte, Flipchart-Papier, Flipchart, Klebepunkte

Ablauf: Die Leitung stellt ein Thema aus dem Kontext des institutionellen Kinderschutzes vor (z. B.: Dürfen Kinder selbst entscheiden, was und wie viel sie beim Mittagessen essen möchten?), das diskutiert werden soll. Wichtig ist, dass auch kontrovers miteinander diskutiert werden darf. Dies ist bereichernd und vorteilhaft für den Teamprozess, weil die verschiedenen Perspektiven offengelegt werden.

Die Anleitung sammelt Aussagen der Teilnehmer*innen zu diesem Thema und schreibt diese auf Moderationskarten. Nach der Sammlung aller Plenumsaussagen, die aus der Gesamtgruppe genannt wurden, werden alle Teilnehmer*innen in Kleingruppen aufgeteilt. Jede Kleingruppe bekommt eine gleiche Anzahl von Aussagen/Meinungen aus dem Plenum.

Die Anleitung bittet die Kleingruppen dann, die Aussagen zu lesen, zu diskutieren und einzuordnen. Welche Aussagen sind Argumente für das Thema, welche dagegen? Die Aussagen, die die Teilnehmer*innen als nicht so wichtig erachten, sollen sie streichen. Die restlichen Aussagen/Meinungen werden nach Priorität geordnet. Danach wird die Auswahl und Reihenfolge begründet und im Plenum präsentiert.

Anschließend werden folgende Fragen diskutiert:

- Gab es Aussagen mit gleicher Priorität?
- Fehlen wichtige Aussagen, die man ergänzen müsste?
- Wo gab es Unsicherheiten?

7 Bearbeitung des Themas »grenzachtende und gewaltfreie Erziehung«

- Wo gab es in der Gruppe große Meinungsunterschiede?
- Wie wurde in der Gruppe entschieden?
- Konnte jede*r die Gruppenentscheidung mittragen?

Nachdem jede Kleingruppe Ihr Ergebnis vorgestellt hat, erhält jedes Teammitglied drei Klebepunkte. Diese können Sie nach ihrem Ermessen an ein oder mehrere für sie wichtige Argumente kleben.

Der*Die Referent*in trägt abschließend den Pro- und Contra-Argumente mit den meisten Klebepunkten auf einer Flipchart zusammen, so dass das Teamergebnis deutlich wird.

Themenvorschläge für diese Methode:

- Jedes Kind darf selbst entscheiden, wann es seinen Nachtisch essen möchte, ob es probieren möchte oder aufisst.
- Kinder dürfen selbst den Ort, die Dauer und die Art ihres Spiels entscheiden.
- Die Aufsichtspflicht steht über allen anderen Rechten und Pflichten der Kinder.
- Ein gesundes Nähe- und Distanzverhältnis kann auch beinhalten, dass ich ein Kind Schatz oder Maus nenne.
- Die Meinung eines Kindes zählt genauso viel in allen Entscheidungsprozessen wie die der Erwachsenen.
- Entwicklungsschritte machen Kinder von ganz allein, sie zeigen uns, wann sie was lernen möchten und bereit sind, etwas Neues zu lernen.
- Wenn ein Kind nicht durch Erklärungen oder Anweisungen hört, dann muss ich das Kind eben anders dazu bekommen, dass es auf mich hört (am Arm ziehen, tragen, lauter werden).
- Natürlich habe ich als Erwachsene*r die Entscheidungsmacht, da ich auch die Person bin, die am Ende Verantwortung trägt.

Variante: Als Variante kann so vorgegangen werden, dass zunächst jede*r Teilnehmer*in für sich eine persönliche Reihenfolge bezüglich der Plenumsaussagen erstellt, die dann in der Kleingruppe diskutiert wird.

(Angelehnt an: Walter-Laager, Hanisch, Lasson & Lassotta (Hrsg.) (2020), S. 27)

7.16 Methodenblatt: »Ich sehe was, was du nicht siehst ...«

Ziel: Die Methode soll dabei unterstützen, Argumente zu einer Aussage/ einem Thema/einer These aus dem Kontext grenzachtender und gewaltfreier Erziehung zu sammeln und abzuwägen sowie dabei einen Perspektivwechsel vorzunehmen.

Zeitbedarf: 45 bis 60 Minuten

Tools: Papier, Stifte

Ablauf: Gerne können verschiedene Sätze, Beispiele und Gedanken aus den vorangestellten Methoden als Aussage, Thema oder These angewandt werden.
Die Anleitung stellt eine Aussage, ein Thema oder eine These vor, die miteinander diskutiert werden soll. Die Gesamtgruppe teilt sich in vier Kleingruppen auf, die wiederum je zwei Paare bilden. Das eine Paar hat die Aufgabe, möglichst viele Pro-Argumente für die Aussage, das Thema oder die These zu finden, und das zweite Paar möglichst viele Kontra-Argumente. Dies geschieht zunächst in Einzelarbeit. Wichtig ist, dass es dabei nicht um die eigene Meinung, sondern um eine professionelle Argumentation geht. Nun präsentieren die beiden Teilnehmer*innen, die jeweils für die gleiche Position Argumente gesammelt haben, wechselseitig ihre Ergebnisse und erstellen eine für sie sinnvolle und überzeugende Argumentationslinie.

- Vorstellung der Argumentation: Jedes Paar stellt seine Argumente dem jeweils anderen vor. Das zuhörende Paar darf das redende Paar zunächst nicht unterbrechen und kann sich bei Bedarf Notizen machen. Erst nach Abschluss der vorgestellten Argumente dürfen eventuelle Fragen zum Verständnis gestellt werden. Die Paare überdenken nun die gehörten Argumente und stellen sich mögliche Probleme und Widersprüche gegenseitig vor.

- Perspektivwechsel: Die Paare nehmen die jeweilige Gegenposition ein und tauschen hierfür ihre Plätze, um dies auch visuell zu verdeutlichen. Dabei entwickelt jede*r Teilnehmer*in zunächst wieder in Einzelarbeit eine Argumentation der nun anderen Seite. Im Anschluss daran präsentieren sich die Paare erneut ihre Ergebnisse, entwickeln eine gemeinsame Argumentation und stellen diese dem anderen Paar vor.
- Begründung des eigenen Standpunktes: Nachdem die Kleingruppen sich ihre Argumente der beiden Perspektiven vorgestellt haben, erhält die Methode nun den (erwünschten) Diskussionscharakter, denn jedes Gruppenmitglied der Viergruppe kann frei über die eigene Perspektive zur Aussage, zum Thema oder zur These diskutieren und stellt dabei seinen ganz persönlichen Standpunkt vor. Zum Abschluss werden die wichtigsten Erkenntnisse festgestellt und notiert. Diese können dann z. B. als Grundlagen/Textbausteine für die pädagogische Konzeption der Institution, für den trägerinternen Verhaltenskodex zum grenzachtenden Umgang mit Kindern usw. genutzt werden.

(Angelehnt an: Walter-Laager, Hanisch, Lasson & Lassotta (Hrsg.) (2020), S. 28)

7.17 Methodenblatt: »Gemeinsam schaffen wir das …!«

Ziel: Die Methode soll dazu dienen, Diskussionen zum institutionellen Kinderschutz anzuregen, thematische und konzeptionelle Schwerpunkte zu benennen und die professionelle Arbeit zu entwickeln bzw. weiterzuentwickeln oder zu festigen.

Zeitbedarf: 45 bis 60 Minuten

Tools: drei DIN-A3- oder Flipchart-Papierbögen, Stifte

Ablauf: Die Anleitung formuliert drei Reflexionsfragen und verteilt diese zusammen mit den Papierbögen auf je einen Arbeitstisch.

Hinweis: Die Reflexionsfragen sollten für das berufliche Handeln der Teilnehmer*innen von Bedeutung und Interesse sein. Folgende Fragen können von der Anleitung zur Umsetzung der Methode angewandt werden:

- Professionelle Nähe und Distanz:
  Wie gestalten wir professionelle Nähe zu den Kindern?
- Individualität und Gruppe:
  Wie gelingt es uns, individuelle Bedürfnisse und Interessen umzusetzen sowie gleichzeitig die Bedürfnisse der Gruppe zu berücksichtigen?
- Partizipation in Krippe und KiTa:
  Was bedeutet für uns Partizipation? Woran erkennt man sie?
- Grenzachtendes Handeln:
  Wie sichern wir grenzachtendes Handeln im pädagogischen Alltag?
- Beschwerdeverfahren:
  Wie können sich Kinder und Erwachsene beschweren?
- Zusammenarbeit mit Familien:
  Wie können die Lebenswelten der Kinder miteinander vernetzt werden?
  Wie werden die Gedanken und Anregungen von Familien berücksichtigt?
- Mittagessen in Krippe und KiTa:
  Wie kann das Mittagessen partizipationsfördernd gestaltet werden?
- Bild vom Kind:
  Welches Bild vom Kind leitet unser pädagogisches Handeln?
- Übergänge gestalten:
  Wie gestalten wir kleine Übergänge im pädagogischen Alltag und große Übergänge (von der Krippe in den Kindergarten oder vom Kindergarten in die Schule) für jedes Kind angemessen?
- Sexualpädagogischer Ansatz:
  Wie gehen wir mit der kindlichen Entdeckung des Körpers, der Entdeckung von Unterschieden und der kindlichen Neugierde um?

Die Anleitung bittet die Teilnehmer*innen, sich in drei Kleingruppen à vier bis sechs Personen an einem der Tische zusammenzufinden und erläutert den Ablauf. Pro Tisch nimmt eine Person die Rolle »der*des Gastgeber*in« ein. Diese Person bleibt stets an dem einen zugewiesenen Tisch sitzen, während die anderen Teilnehmer*innen (die »Gäste«) die Tische nach jeder Gesprächsrunde wechseln. Eine Gesprächsrunde sollte ca. 10 bis 15 Minuten andauern. Während der Gesprächsrunde schreiben die Teilnehmer*innen gemeinsam die wichtigsten Gedanken auf den Papierbogen. Dann wechseln die »Gäste« zum nächsten Tisch. Nur die »Gastgeber*innen« bleiben am Tisch, begrüßen die neuen »Gäste«, stellen den bisherigen Austausch vor und bringen eine erneute Diskussion in Gang. Zum Abschluss werden die Ergebnisse zu jeder Reflexionsfrage im Plenum vorgestellt.

Die Ergebnisse können als Grundlage für die gemeinsam weiterentwickelte pädagogische Konzeption oder das institutionelle Schutzkonzept genutzt werden.

(Angelehnt an: Walter-Laager, Hanisch, Lasson & Lassotta (Hrsg.) (2020), S. 33)

7.18 Methodenblatt: »Schatzkiste«

Ziel: Beispielhaft positive Erfahrungen und/oder Situationen im Team verdeutlichen sowie die Wertschätzung im Team untereinander stärken. Alternativ kann diese Methode auch zur Selbstreflexion genutzt und auf das eigene Handeln bezogen werden.

Zeitbedarf: individuell je nach Teamgröße (auch als kurze »Blitzlichtmethode« geeignet)

Tools: Flipchart, Stift

Ablauf: Die Anleitung bittet die Teilnehmer*innen zu überlegen, welche

- wertschätzenden
- partizipationsfördernden
- kinderrechtsstärkenden

Situationen sie im Team in der letzten Zeit beobachtet haben. Per Blitzlichtrunde startet beispielsweise die jüngste Person, und nimmt die nächste dran. Die Beispiele bleiben unkommentiert. Die Anleitung schreibt während dessen Werte/Kernaspekte der Aussagen mit, um die Schätze des Teams darzustellen.

Die gesammelten Punkte können dann visuell in einer »Schatzkiste« dargestellt werden, um dem Team sichtbar zu machen, was sie alles bereits in ihrer Arbeit umsetzen.

(Angelehnt an: Walter-Laager, Hanisch, Lasson & Lassotta (Hrsg.) (2020), S. 22)

7.19 Methodenblatt: »Mein Kompass«

Ziele:

- Selbstreflexion der eigenen Werte hinsichtlich grenzachtender und gewaltfreier Erziehung, die das pädagogische Handeln prägen
- Kennenlernen der Teammitglieder und ihres Wertekompasses

Zeitbedarf: 60 Minuten inkl. Austausch im Team

Tools: ein »Werteblatt« für jede*n Teilnehmer*in sowie ein weiteres Blatt mit einem kleinen Kompass bedruckt

Ablauf: Jede Person erhält beide Blätter. Die Teilnehmer*innen überlegen sich, welche Werte hinsichtlich grenzachtender und gewaltfreier Erziehung ihr Handeln im pädagogischen Alltag besonders prägen, und erstellen ein Ranking von 1 bis 10 oder suchen sich ungeordnet der Wichtigkeit zehn Werte aus, die Ihr Handeln besonders prägen.

Diese Übung ist zunächst eine ruhige Übung. Daher bittet die Anleitung die Teilnehmer*innen um Stille. Dies soll die unbeeinflusste Auseinandersetzung mit sich selbst ermöglichen. Nach 20 Minuten treffen sich die Fachkräfte in ihrer Gruppe und tauschen sich aus. Nach weiteren 15 bis 20 Minuten treffen sich alle Teilnehmer*innen im Plenum. Hier gibt es eine kurze Blitzlichtrunde, wie es den Teilnehmer*innen ergangen ist und welche Erkenntnisse sie gewonnen haben.

Die Erkenntnisse können auch als Basis eines Wertekompasses der Einrichtung dienen.

(Angelehnt an: Vogel (Hrsg.) (2022))

7.20 Methodenblatt: »Die Routinefalle und der Umgang mit Macht«

Ziel: Regeln im pädagogischen Alltag reflektieren und auf Sinnhaftigkeit überprüfen

Zeitbedarf: 60 Minuten

Tools: Flipchart, Stifte, Blätter

Ablauf: Die Anleitung gibt nach Bedarf eine kurze thematische Einleitung ins Thema »Regeln«:

- Was sind Regeln?
- Warum brauchen wir Regeln?
- Wer stellt Regeln auf?

Dies kann auch der erste Teil der Gesamtteamarbeit sein, in dem ein offenes Brainstorming zu der jeweiligen Frage stattfindet und anschließend ein kurzer Fachtext vorgelesen wird.

Nun findet sich das Team in Vierergruppen zusammen. Dies kann über Zettelziehen, Abzählen oder Zusammenfinden auf Grund von anderen Merkmalen z. B. auf Grund von Sockenfarben passieren. Alternativ kann diese Methode auch auf Gruppenebene stattfinden. Dann erhalten die Gruppen Zeit zu überlegen, welche Regeln im Haus und/oder in der Gruppe »gelten«. Dies können sowohl fest vereinbarte, ausgesprochene Regeln sein als auch »unausgesprochene« Regeln, weil es »immer so gemacht wird«. Im nächsten Schritt soll der Sinn der Regel neben diese geschrieben werden.

Anschließend können die Gruppenmitglieder diskutieren,

- ob die Regel ihren Sinn erfüllt,
- ob die Kinder durch diese Regel eher etwas anderes lernen,
- ob die Regel Kinder eher unnötig begrenzt.

Hier können sich die Teilnehmer*innen auch dazu entscheiden, Regeln fallen zu lassen bzw. diese im Kinderteam oder im Kinderparlament mit den Kindern zu besprechen.

Im letzten Schritt können die Gruppenmitglieder eine Alternative der Regel in die nächste Spalte schreiben. Abschließend können die Teilnehmer*innen Bedarfe an Regeln oder Themen unter die Tabelle schreiben. Diese können dann im Gesamtteam und auch im Kinderparlament oder im Kinderteam besprochen werden.

Nach der Kleingruppenarbeit treffen sich die Gruppen im Plenum. Hier können sie sich in einer Blitzlichtrunde austauschen: Was ist ihnen bewusst geworden? Was möchten sie an Regeln behalten, was möchten sie loslassen?

8 Methoden zur Entwicklung und Implementierung eines Leitbildes zum gewaltfreien und grenzachtenden pädagogischen Handeln mit Teams als Fundament für den institutionellen Kinderschutz

Das Wissen um den rechtlichen Rahmen des institutionellen Kinderschutzes in KiTas ist das eine, taugliche Handlungsabläufe zum Umgang mit Verdachtsfällen von grenzverletzendem oder gewalttätigem Verhalten von Mitarbeiter*innen sind das andere. Beides funktioniert jedoch nicht ohne ein pädagogisches Fundament: *einem Leitbild zum grenzachtenden und gewaltfreien pädagogischen Handeln in den Einrichtungen.*

Es ist erforderlich, in KiTas und Teams ein Leitbild zu entwickeln, das einen pädagogischen Rahmen dafür setzt, wie der Anspruch auf grenzachtende und gewaltfreie Pädagogik eingelöst werden kann. Nur so entsteht Handlungssicherheit bei den Mitarbeiter*innen. Dadurch lassen sich viele kritische Situationen verhindern und in dennoch auftretenden kritischen Situationen kann schnell Klarheit hergestellt werden, indem das Leitbild als Reflexionshilfe genutzt wird.

Ein solches Leitbild sollte *konsensorientiert* und *partizipativ* mit den Mitarbeiter*innen entwickelt werden, um Akzeptanz zu schaffen und eine Umsetzung in den pädagogischen Alltag zu ermöglichen. »Verordnete« Konzepte stoßen selten auf Zustimmung. Und diesen ergeht es dann wie vielen Konzepten: Sie landen gut verwahrt in Qualitätsmanagement-Ordnern und kaum jemand weiß mehr, dass es sie gibt. Ein Leitbild zur grenzachteten und gewaltfreien Pädagogik ersetzt kein konzeptionelles Leitbild einer Einrichtung, sondern ergänzt es und bietet Mitarbeiter*innen, auch zukünftigen, Klarheit über das Selbstverständnis des Trägers in diesem Themenkomplex. Es ist empfehlenswert, an einem solchen Leitbildprozess möglichst viele Mitarbeiter*innen in KiTas zu beteiligen.

In der Vergangenheit hat sich gezeigt, dass das Format eines solchen Prozesses, an dem zu Beginn und zum Ende alle Mitarbeiter*innen eines

Trägers beteiligt werden (bei sehr großen Trägern ist das auf die Einrichtungsebene herunterzubrechen oder es kann nur eine repräsentative Auswahl von Mitarbeiter*innen beteiligt werden) gut funktioniert. Der eigentliche, inhaltliche Arbeitsprozess kann dann von einer kleineren Gruppe geleistet werden, die alle Qualifikationen und Hierarchieebenen in der Mitarbeiter*innenschaft repräsentieren sollte.

Darüber hinaus kann ein Leitbild eine gute Grundlage zur Kommunikation mit Eltern und Öffentlichkeit sein, um die eigene Position des Trägers zu diesem Thema zu präsentieren. Auf Basis eines guten Leitbildes in diesem Themenbereich kann seitens der Eltern Vertrauen in Einrichtungen entstehen, dass sie ihre Kinder dort in sichere Obhut geben.

Im Folgenden wird ein solcher Prozess anhand seiner einzelnen Arbeitsschritte vorgestellt, wobei vorab zu bemerken ist, dass eine externe Moderation dieses Prozesses viele Vorteile hat, u. a. kann dadurch sichergestellt werden, dass die Steuerung des Prozesses nicht eigenen (möglicherweise heimlichen) inhaltlichen Zielen der Moderation folgt.

8.1 Partizipativer Einstieg als Kick-off in den Arbeitsprozess

In einer Kick-off-Veranstaltung, an der alle Mitarbeiter*innen eines Trägers beteiligt werden sollten, findet der Startschuss zu einem Leitbildprozess (Kick-off) statt.

Es geht darum, zunächst mit allen Mitarbeiter*innen (oder einer Auswahl, siehe oben) eine ganzheitliche Annäherung an das Thema grenzachtende und gewaltfreie Erziehung zu ermöglichen. Dazu bieten sich Methoden wie die »Ja-nein-Übung« (▶ Kap. 7.1) an.

Über solche Methoden wird ein Diskussionsprozess bei den Mitarbeiter*innen ausgelöst, der zum einen eine erste Sensibilisierung für das Thema mit sich bringt, zum anderen für alle Mitarbeiter*innen deutlich macht, dass der Themenkomplex uneindeutig ist und an vielen Stellen eine diskursive Auseinandersetzung erfordert. In der gemeinsamen Diskussion zu erleben, dass einzelne Verhaltensweisen von pädagogischen Mitarbeiter*innen unterschiedlich bewertet werden, zeigt, dass die Entwicklung einer einheitlichen Haltung – ohne die Individualität im erzieherischen Handeln aufzugeben – erforderlich ist und letztlich zur Handlungssicherheit beiträgt.

> *Beispiel:*
> Es ist bei der Frage, ob Kindern der Nachtisch verwehrt wird, wenn diese das Hauptgericht nicht aufgegessen haben, oder bei der Frage, ob das Ansprechen von Kindern mit Kose- oder Spitznamen mit dem Anspruch auf grenzachtende und gewaltfreie Erziehung in Einklang zu bringen ist, durchaus wahrscheinlich, dass kontroverse Diskussionen entstehen. Und das ist gut, denn so entsteht ein Bewusstsein für die Notwendigkeit eines Leitbildes zur grenzachtenden und gewaltfreien Erziehung

Nach einem ganzheitlichen Einstieg in das Thema ist es empfehlenswert, in hierarchie- und qualifikationsheterogenen Gruppen eine erste Diskussion zur zentralen Frage zu beginnen: *Was bedeutet für uns gewaltfreie und grenzachtende Erziehung?*

Nach einer kurzen Phase, in der in den Kleingruppen diskutiert wird, folgt im nächsten Schritt die Vorstellung der Ergebnisse. Es ist denkbar, an dieser Stelle bereits deutlich werdenden Konsens herauszustreichen, um diesen den Arbeitsgruppen im weiteren Prozess als Grundlage mit auf den Weg zu geben. Gleiches gilt für offensichtlichen Dissens, der in den sich anschließenden Prozessphasen besondere Aufmerksamkeit erfahren sollte. Wichtig an dieser Stelle ist es auch, allen Mitarbeiter*innen einen Ausblick zu geben, wie der weitere Prozess gestaltet sein wird, wann mit Ergebnissen zu rechnen ist und wie die weitere Einbindung aller Mitarbeiter*innen aussehen wird.

Es ist empfehlenswert, im Folgenden zwei parallellaufende Arbeitsprozesse zu beginnen. Dazu werden zwei Arbeitsgruppen gebildet:

- Die ein Arbeitsgruppe besteht aus acht bis zwölf *Mitarbeiter*innen, die pädagogisch mit Kindern arbeiten.* Wir empfehlen hier, darauf zu achten, dass diese Gruppe hinsichtlich der Qualifikation, der Erfahrung und des Geschlechts heterogen besetzt ist. Berufserfahrene Kolleg*innen, Berufseinsteiger*innen, Auszubildende/Studierende, Fachkräfte mit fach- und hochschulischen Qualifikationen, Frauen* und Männer* sollten in der Gruppe zusammenarbeiten.
- Die zweite Arbeitsgruppe besteht aus *Einrichtungsleitungen, deren Stellvertretungen* und ggf. aus *Mitarbeiter*innen höherer Hierarchieebenen*, z. B. Fachberatungen und Geschäftsführungen.

8.2 Teilprozess 1: Arbeit mit den pädagogischen Fachkräften

In der Arbeit mit den pädagogischen Fachkräften ist es das Ziel, pädagogische Haltungen, pädagogische Handlungsanweisungen und einen pädagogischen Kodex zu erarbeiten, der den betreuten Kindern grenzachtende und gewaltfreie Pädagogik sichert. Dabei kann es sinnvoll sein, einzelne Themen und Aspekte aus der Perspektive kindlicher Bedürfnisse zu erarbeiten.

Es ist empfehlenswert, die Themen, zu denen Haltungen erarbeitet werden sollen, gemeinsam mit der Gruppe zu sammeln. Dabei ist jedoch darauf zu achten, dass bestimmte Themen auf jeden Fall bearbeitet werden, da sie zentrale Aspekte des Themas gewaltfreie und grenzachtende Pädagogik sind und in einem Leitbild nicht fehlen dürfen:

- Regeln und Haltungen bzgl. der *verbalen Kommunikation* mit Kindern (Wording, Bloßstellen, Abwerten, Beschimpfen etc.)
- Regeln und Haltungen zum Umgang mit *Körperkontakt mit Kindern* (Schmusen, Festhalten etc.)

8 Methoden zur Entwicklung und Implementierung eines Leitbildes

- der Umgang mit intimen pädagogischen Situationen, wie *Toilettengängen und Wickelsituationen* im pädagogischen Alltag
- *Planbarkeit und Berechenbarkeit von pädagogischem Handeln* aus der Perspektive von Kindern.
- der grenzachtende und gewaltfreie Umgang mit *kindlichen Grundbedürfnissen*, wie *Essen, Trinken und Schlafen*
- *Beteiligung von Kindern an Entscheidungen* im pädagogischen Alltag und hinsichtlich der Gestaltung des eigenen Tages
- der Umgang mit Kindern hinsichtlich *Angst* und den *Schutzbedürfnissen der Kinder*
- Regeln und Haltungen zum *Austausch über Kinder* und deren Entwicklungssituationen (Mit wem wird in welcher Form und in welchem Setting gesprochen?)
- der Umgang mit *Etikettierung* von Kindern und deren Verhalten (»Der*Die ist so und so...«)
- der Umgang mit *Strafen* im pädagogischen Alltag (wie sieht grenzachtendes und gewaltfreies Strafen aus?)

Diese Themen können um weitere Aspekte, die der Arbeitsgruppe wichtig sind, ergänzt werden.

In zwei Arbeitsschritten werden zunächst die kindlichen Bedürfnisse zum jeweiligen Themenbereich erarbeitet, um daraufhin pädagogische Schlüsse daraus zu ziehen, wie der erzieherische Alltag in der Einrichtung hinsichtlich des jeweiligen Themas gestaltet werden sollte. Ein bearbeiteter Themenbereich kann dann wie in Tabelle 3 aussehen.

Tab. 2: Beispiel für die Bearbeitung eines Themenbereichs

Themenbereich: Schlafbedürfnis von Kindern	
Kindliches Bedürfnis:	Pädagogische Ableitungen:
1. *Ich möchte schlafen, wenn ich müde bin.* 2. *Ich möchte wach bleiben, wenn ich nicht müde bin.*	1. *Das Kind muss jederzeit den Schlafraum aufsuchen dürfen, um zu schlafen.* 2. *Wir akzeptieren das Bedürfnis und zwingen das Kind nicht zum Schlaf.*

Teil 2: Methoden

Tab. 2: Beispiel für die Bearbeitung eines Themenbereichs – Fortsetzung

Themenbereich: Schlafbedürfnis von Kindern	
3. *Ich brauche einen reizarmen Rückzugsort, wenn ich mich ausruhen möchte.* 4. *Ich möchte so lange schlafen/ausruhen, bis ich ausgeruht bin.*	3. *Wir schaffen individuelle Räume, um Rückzug zu ermöglichen.* 4. *Wir schaffen Rahmenbedingungen, damit Kinder Ruhebedürfnisse angemessen ausleben zu können.*

Am Ende dieses Teilprozesses steht eine vollständige Erarbeitung aller kindlichen Bedürfnisse im Themenbereich »grenzachtendes und gewaltfreies pädagogisches Handeln« sowie eine Zusammenstellung der daraus resultierenden pädagogischen Schlussfolgerungen. Auch hier sollte – wenn möglich – das Konsensprinzip gelten und es sollten Mehrheitsentscheidungen vermieden werden.

8.3 Teilprozess 2: Arbeit mit der Leitungsebene

In einem zweiten Teilprozess sollen in der Arbeitsgruppe der Leitungskräfte deren Haltungen und Aufgaben zur Sicherstellung grenzachtender und gewaltfreier Pädagogik in den Einrichtungen erarbeitet werden. Des Weiteren bietet es sich hier ebenfalls an, gemeinsam mit der Gruppe entsprechende Themenbereiche zu definieren.

Es ist sinnvoll, auf jeden Fall auf die folgenden Themenkomplexe einzugehen:

- *Umgang mit den eigenen Grenzen:* Wie gehen wir mit Kindern um, deren Verhalten und deren Bedürfnisse unsere pädagogischen Möglichkeiten übersteigen (Stichwort: Der Zweck heiligt nicht die Mittel)?

8 Methoden zur Entwicklung und Implementierung eines Leitbildes

- *Beschwerdemanagement/Aufarbeitungsmanagement:* Wie gehen wir mit Beschwerden von Mitarbeiter*innen, Kindern, Eltern oder anderen Personen um, die Situationen benennen, in denen (ggf.) nicht grenzachtend und nicht gewaltfrei gehandelt wurde? (Zum theoretischen Unterbau zu diesem Thema ▶ Kap. 5)
- *Fortbildungsmanagement:* Wie kann sichergestellt werden, dass Themen der grenzachten und gewaltfreien Erziehung (z. B. Methoden gewaltfreier Kommunikation) im Rahmen des Fortbildungsmanagements koordiniert qualifiziert und möglichst vielen Mitarbeiter*innen zugänglich gemacht werden? Konkret geht es um die Frage, wie koordiniert werden kann, welche Mitarbeiter*innen zu welchen Themen fortgebildet werden und wie sichergestellt werden kann, dass es einen Rückfluss dieser Fortbildungserkenntnisse in die Teams gibt.
- *Einstellung und Einarbeitung neuer Mitarbeiter*innen:* Wie kann bereits im Einstellungsprozess und in der sich anschließenden Einarbeitungsphase das Leitbild zur grenzachtenden und gewaltfreien Erziehung vermittelt werden, so dass die neuen Mitarbeiter*innen sich diesem Leitbild verpflichtet fühlen. Hier ist auch auf den Umgang mit Auszubildenden und Praktikant*innen zu achten.
- *Supervision:* Wie kann sichergestellt werden, dass für einzelne Mitarbeiter*innen und Teams in schwierigen persönlichen oder fachlichen Situationen supervisorische Angebote zur Verfügung stehen, um Reflexionsprozesse hinsichtlich des Themas grenzachtende und gewaltfreie Erziehung (ggf. vor dem Hintergrund eigener biografischer Erfahrungen) zu ermöglichen?
- *Leitungsverantwortung und anlassbezogenes Handeln:* Wie kann sichergestellt werden, dass die Leitungskräfte das Thema grenzachtende und gewaltfreie Erziehung als Leitungsaufgabe wahrnehmen und anlassbezogen unverzüglich für nötige Interventionen sorgen, sollten kritische Situationen auftreten. Ebenfalls ist hier zu berücksichtigen, wie sichergestellt werden kann, dass institutioneller Kinderschutz ein Leitungsthema ist und die Verantwortung für sämtliche Prozesse auf Leitungsebene anzusiedeln ist.

Beispielhaft könnte das Ergebnis zu einem der genannten Aspekte wie in Tabelle 3 aussehen.

Teil 2: Methoden

Tab. 3: Beispiel für die Erarbeitung der Haltungen und Aufgaben von Leitungskräften zur Sicherung grenzachtender und gewaltfreier Pädagogik

Themenbereich: Einstellung und Einarbeitung neuer Mitarbeiter*innen
Bei Neueinstellungen: *Das Leitbild zur grenzachtenden und gewaltfreien Erziehung wird mit der Einladung zum Vorstellungsgespräch den Bewerber*innen vorab zugeschickt und ist Gegenstand des Vorstellungsgesprächs. Eine Selbstverpflichtungserklärung zum Leitbild muss von allen neuen Mitarbeiter*innen bei Abschluss des Arbeitsvertrags unterschrieben werden. Das Leitbild ist strukturiert in allen Einarbeitungsgesprächen und im Gespräch zum Ende der Probezeit (Reflexions-)Thema.*   Bei »PiAs« (Praktikant*innen im Anerkennungsjahr): *Das Leitbild zur grenzachtenden und gewaltfreien Erziehung wird mit der Einladung zum Vorstellungsgespräch den Bewerber*innen vorab zugeschickt und ist Gegenstand des Vorstellungsgesprächs. Eine Selbstverpflichtungserklärung zum Leitbild muss von allen neuen Mitarbeiter*innen bei Abschluss des Ausbildungs- oder Praktikumsvertrags unterschrieben werden. Das Leitbild ist Thema in Anleitungsgesprächen und in Reflexionsgesprächen mit betreuenden Lehrenden.*

8.4 Finalisierung der Ergebnisse aus den Teilprozessen und erneute Einbindung aller (vieler) Mitarbeiter*innen

In einem letzten Schritt des partizipativen Entwicklungsprozesses kommen wieder alle (oder viele, siehe oben) Mitarbeiter*innen des Trägers zusammen. Die Ergebnisse der beiden Teilprozesse werden vorgestellt.

Alle Mitarbeiter*innen sind eingeladen, Zustimmung oder Diskussionsbedarf zu den erarbeiteten Vorlagen zu signalisieren. Es werden alle Aspekte, die nicht konsensfähig sind, diskutiert – immer mit dem Ziel, einen Konsens zu finden und Mehrheitsentscheidungen zu vermeiden. Am

Ende dieser Abschlussveranstaltung steht ein von allen Mitarbeiter*innen getragenes Leitbild zur grenzachtenden und gewaltfreien Erziehung. Wichtig in dieser Veranstaltung ist vor allem das Ziel, einen ehrlichen Konsens zu finden, konstruktiv mit abweichenden Meinungen umzugehen und Scheinzustimmungen zu vermeiden. Nur so wird eine Grundlage geschaffen, dem Leitbild zur grenzachtenden und gewaltfreien Erziehung vorbehaltlos zuzustimmen und dieses im Alltag zu leben.

8.5 Implementierung des Leitbildes in die Teams und Einrichtungen des Trägers

Nachdem das Leitbild verabschiedet wurde – und ggf. auch der Träger seine Zustimmung erteilt hat, sollte nicht bereits im Vorhinein eine »Blankozusage« gegeben worden sein –, ist die nächste Aufgabe die Implementierung der Ergebnisse in die einzelnen Einrichtungen und Teams. Dabei ist es zunächst wichtig, dass die Mitarbeiter*innen aus den beiden Teilprozessen als Fachpromotoren des Themas fungieren, die Leitungskräfte zusätzlich noch als Machtpromotoren. Diesen Personen kommt eine Schlüsselfunktion zu, das Leitbild in den Teams zu implementieren, denn sie stehen für die Ergebnisse und können diese glaubwürdig (und bei Leitungskräften auch nachdrücklich) vertreten.

Es ist denkbar, Teilnehmer*innen der einzelnen Teilprozesse in Teams und Einrichtungen zu schicken, in denen sie nicht beschäftigt sind, um dort mit den Teams Umsetzungsschritte zu erarbeiten. Es ist genauso aber auch denkbar, dass dies in den jeweils eigenen Teams und Einrichtungen geschieht.

Die Eingangsfrage muss lauten: *An welchen Stellen ist unser pädagogischer Alltag so gestaltet, dass einzelne Aspekte des Leitbildes zur grenzachten und gewaltfreien Erziehung unberücksichtigt bleiben?*

Von diesen Punkten ausgehend können Entwicklungsbedarfe definiert und Absprachen getroffen werden, wie entsprechende Veränderungen im pädagogischen Alltag erzielt werden können. Gelingt dieser Prozess, ist sichergestellt, dass in allen Teams und allen Einrichtungen eines Trägers ein Bewusstsein über das Leitbild entsteht und dieses in den pädagogischen Alltag übergeht. Es empfiehlt sich, das Leitbild deutlich sichtbar für die Mitarbeiter*innen von Einrichtungen zu platzieren, so dass es nicht »aus dem Blick« gerät.

8.6 Kommunikation des Leitbildes in die Elternschaft und Öffentlichkeit

Sinnvoll und wünschenswert ist es, das Leitbild nicht nur in Teams zu implementieren, sondern auch den Eltern der betreuten Kinder sowie einer interessierten Öffentlichkeit zugänglich zu machen, z. B. auf der Website der KiTa. Denkbar wäre hier auch ein Elternflyer, der – ggf. in mehrere Sprachen übersetzt – wie folgt aussehen könnte:

Liebe Eltern,

es ist uns wichtig, dass wir in der Betreuung und Erziehung Ihrer Kinder sensibel auf Gewaltfreiheit und den Respekt vor den Grenzen ihrer Kinder achten. Dabei haben wir uns folgende Leitlinien gegeben, die wir pädagogisch umsetzen:

Unsere Haltung ihrem Kind gegenüber:

- Wir sehen Ihr Kind als selbstbestimmtes Individuum, dessen Recht auf gewaltfreie Erziehung und dessen Grenzen wir stets achten möchten.
- Wir möchten Ihr Kind so annehmen, wie es ist, und seine Bedürfnisse feinfühlig wahrnehmen. Ihr Kind soll von uns Hilfe und Trost bekommen, wenn es dies braucht. Ihr Kind soll sich in unserer Ein-

richtung sicher fühlen und mit seinen Anliegen und Bedürfnissen Gehör finden. Ein freundlicher Umgang mit ihrem Kind ist uns wichtig und ihr Kind soll bei uns die Entwicklungszeit bekommen, die es vor dem Hintergrund seiner Individualität benötigt.

Folgende Regeln haben wir uns gegeben, um diese Haltung im Alltag zu leben:

- Wir schreien Ihr Kind nicht an.
- Wir achten darauf, dass sich Körperkontakt zu Ihrem Kind an seinen Wünschen orientiert.
- Wir geben Rückmeldungen über Ihr Kind exklusiv an Sie und sprechen mit anderen Personen nicht über Ihr Kind.
- Wir beachten, dass Wickelsituationen und Toilettengänge sehr intime Situationen für Ihr Kind sind, und respektieren, wenn irgendwie möglich, seine diesbezüglichen Wünsche.
- Wenn sich Ihr Kind bedroht oder belästigt fühlt oder Angst empfindet, kann es sich schutzsuchend an uns wenden, und wir helfen, die Situation zu klären.
- Wir handeln planbar, nachvollziehbar und regelgeleitet. Wir erklären gerne unsere pädagogischen Interventionen und können Fehlgriffe zugeben und korrigieren.
- Wir geben Ihrem Kind immer wieder neue Chancen und etikettieren es nicht für das, was war.
- Wir versuchen sensibel die Bedürfnisse Ihres Kindes (z. B. nach Hunger, Kontakt etc.) zu erkennen und mit Respekt zu erfüllen, auch wenn ihr Kind noch nicht darüber sprechen kann. Die Bedürfnisse Ihres Kindes finden da ihre Grenzen, wo sie schaden können.
- Ihr Kind muss bei uns nichts sagen/essen/trinken, was es nicht mag. Soweit möglich, darf Ihr Kind bei uns selbst entscheiden, was es tut.
- Ihr Kind kann sich darauf verlassen, bei uns keine Gewalt und keinen Zwang erfahren zu müssen.
- Wir sprechen Ihr Kind in der Regel mit ihrem/seinem Namen an und verwenden nur in Ausnahmefällen Kosenamen.

> *Sie haben Zweifel an unserem pädagogischen Verhalten?*
> Wir gehen mit Ihrer Kritik und Ihren Beschwerden konstruktiv und transparent um und geben Ihnen stets eine Rückmeldung, was aus Ihrer Kritik erwachsen ist.
>
> *Wir möchten mit Ihnen sprechen!*
> Wir freuen uns sehr, uns mit Ihnen zu diesen Themen auszutauschen. Bitte sprechen Sie uns gerne an!
>
> Ihr Team der KiTa xy

8.7 Wachhalten des Leitbildes in den Teams und Einrichtungen

Zu guter Letzt ist es erforderlich, für ein »Wachbleiben« des Themas in den Teams und Einrichtungen zu sorgen. Eine Selbstverpflichtung des Trägers, beispielsweise in jährlichen Veranstaltungen wahlweise in einzelnen Teams oder Einrichtungen oder auf der Ebene des gesamten Trägers mit den Mitarbeiter*innen zu reflektieren,

- ob das Leitbild gelebt wird,
- ob schwierige Themen deutlich wurden,
- ob es Veränderungsbedarf gibt,

kann hier eine sinnvolle Möglichkeit sein, das Leitbild im Bewusstsein der Mitarbeiter*innen zu halten und es ggf. fortzuschreiben und weiterzuentwickeln.

Anhang

Sammlung der Fallvignetten

Die nachfolgend aufgeführten Fallvignetten können genutzt werden, um die in Kapitel 7 vorgestellten Methoden zu erproben.

Fallvignette 1

Der 1;6 Jahre alte Colin läuft verträumt durch den Gruppenraum hin zum Stuhlkreis, der gleich beginnen soll. In seinem Arm hält er sein Kuscheltier Willimaus, ohne das er selten zu sehen ist. Er nuckelt an seinem Schnuller und wirkt müde. Lilo, die Fachkraft, sieht den Jungen, geht auf ihn zu, nimmt ihm den Schnuller aus dem Mund, das Kuscheltier aus dem Arm und sagt, während sie beides auf ein Regal legt: »Mensch, Colin, das brauchst du jetzt nicht. Du bist doch kein Baby mehr! Komm mit zum Stuhlkreis.« Sie greift die Kapuze seine Pullis mit der rechten Hand und schiebt ihn mit der linken Hand zwischen den Schulterblättern haltend zum Stuhlkreis. Dort angekommen, hebt sie ihn unkommentiert an und setzt ihn auf einen Stuhl. »So«, sagt sie, »schön sitzen bleiben. Ich muss die anderen noch holen.«

Fallvignette 2

Die Tigergruppe macht heute einen Ausflug zum nahegelegenen Stadtpark. Auch die zweieinhalbjährige Diara ist dabei. Sie freut sich sehr auf den Ausflug und dass sie mit ihren Freund*innen zusammen unterwegs ist. Der Weg führt über die stark befahrende Straße im Innenstadtbereich. Auf dem Weg entdeckt sie auf der gegenüberliegenden Straße einen Hund. Sie ruft laut: »Oh, ein Hund!«, und will ihn sofort streicheln. Sie rennt los, ohne auf den Verkehr und ihre Umgebung zu achten. Ihr Erzieher Can bemerkt dies sofort und hält sie am Arm fest, noch bevor sie über die Straße laufen kann. Diara schreit laut und will sich losreißen. Ihr Erzieher versucht, ihr zu erklären, dass sie nicht einfach über die Straße rennen kann. Diara versucht, sich weiter loszureißen, und fängt an, ihn zu hauen. »Lass mich« ruft sie laut. Schließlich nimmt der Erzieher sie auf den Arm, da Diara sich nicht beruhigt. Hier bei ruft sie laut: »Runter, ich will nicht!«

Fallvignette 3

Es ist Zeit zum Mittagessen. Alle Kinder sitzen endlich am Tisch. Heute gibt es Suppe. Die pädagogische Fachkraft Belinda hat alles vorbereitet und ist ganz zufrieden, weil sie bereits seit zwei Wochen allein für den Essensbereich zuständig ist. Heute hat sie es sogar geschafft, Henry ein Lätzchen umzubinden, obwohl er es nicht wollte. Damit es schneller geht und alle Kinder pünktlich in den Ruheraum kommen, schöpft sie den Kindern Suppe auf. Henry merkt an, dass er es selbst kann. Daraufhin antwortet Belinda: »Das machen wir morgen. Suppe ist viel zu schwer. Da kleckerst du doch eh wieder. Dafür habe ich keine Zeit.« Ina, ein Kind, das neben Henry sitzt, greift in die Suppenschüssel. Die Suppenkelle fällt aus der Schüssel auf den Tisch. »Och Mensch, Ina! Geht's noch? Du warst noch gar nicht an der Reihe!« Belinda hebt die Suppenkelle vom Boden, läuft zur Spüle, säubert die Suppenkelle und nimmt ein Küchentuch mit. Auf dem Weg zurück zum Tisch sagt sie: »Tja, Ina, selbst schuld. Wer sich nicht benehmen kann, der bekommt auch keinen Nachtisch!«, antwortet Belinda daraufhin und wischt die Suppe vom Tisch.

Fallvignette 4

Nikola, sechs Jahre alt, hat von Geburt an eine zu kleine Blase, so dass sie einen vermehrten Harndrang hat und öfter zur Toilette gehen muss als andere Kinder. Weil es den Eltern unangenehm ist, haben sie das pädagogische Team darüber nicht informiert. Leider schafft Nikola es nicht immer rechtzeitig zur Toilette, so dass sie gelegentlich einnässt. Die Kinder der Löwenzahngruppe sind gerade auf dem Rückweg vom Ausflug zum Stadtpark. Nikola läuft an der Hand der Fachkraft Olli. Sie hat ihn bereits vor dem Loslaufen darauf angesprochen, dass sie dringend zur Toilette müsse. Da aber schon alle Kinder in Zweierreihen aufgestellt waren, meinte Olli, es würde zeitlich nicht mehr passen, zur Toilette zu gehen, weil ja sonst alle anderen auf sie warten müssten. Er sei sich sicher, sie würde es bis zum Kindergarten schaffen. Es sei ja schließlich auch nicht so weit. Nach einigen Metern beginnt Nikola zu zappeln, hält sich die Hand in den Schritt und spricht Olli erneut an: »Olli, das Pipi will unbedingt raus. Ich kann nicht mehr laufen.« Olli antwortet, dass sie aushalten solle, sie seien gleich da. Der Harndrang wird zu groß und Nikolas Hose wird feucht vom Urin. Sie ist traurig und die Situation ist ihr peinlich. Im Kindergarten angekommen, lachen die anderen Kinder, als sie Nikolas eingenässte Hose sehen. Olli sagt: »Oh Mann, Nikola, wie soll das ab Sommer in der Schule nur klappen, wenn du noch nicht mal die paar Minuten aushalten kannst? Geh in den Waschraum und zieh dich um. Vergiss deinen Wechselwäschebeutel nicht.« Er seufzt und schüttelt verständnislos mit dem Kopf.

Fallvignette 5

Voller Stolz hüpfend und mit einem Strahlen im Gesicht kommt die vierjährige Anna um kurz vor 09:00 Uhr aus dem Flur in die Gruppe gehüpft. Im Singsang sprechend zeigt sie ihrer pädagogischen Fachkraft Gabriella einen Frühstückssnack: »Schau mal, Gabriella. Den ›Fruchtquetschi‹ hat Mama mir heute mitgegeben. Der schmeckt so lecker!« Gabriella antwortet darauf: »Oh nein, was ist das denn? Da ist doch viel zu viel Zucker drin. Gib mal her. Ich leg' es weg. Das kannst du meinetwegen zu Hause trinken.« Anna dreht sich mit hängenden Schultern, eingezogenem Kopf und Tränen in den Augen um.

Fallvignette 6

Alle Kinder der Maulwurfgruppe sind auf dem Außengelände zum Spielen. Der bisherige Vormittag war recht unruhig. Die vierjährige Marina, die als Kind mit Behinderungen inklusiv betreut wird, spricht kaum. Die Kontaktaufnahme zu anderen Kindern stellt sie in der Regel über Beißen, Schubsen und das Umstoßen, Werfen oder Wegnehmen von Spielzeugen her. Im Laufe des Vormittags hat sie bereits mehrfach die Aufmerksamkeit der Fachkräfte benötigt. Lisette und Karla, die Fachkräfte der Gruppe, unterhalten sich, wie das Mittagessen und der Nachmittag für alle gut funktionieren können. Plötzlich hören sie, wie die Kollegin Janett am Sandkasten laut mit Marina spricht. Dann sehen sie, wie Janett Marinas rechten Arm greift, sie aus dem Sandkasten hebt. Das Kind vor sich her schubsend sagt sie: »Na, wie fühlt sich das an, wenn man geschubst wird? Das ist nicht schön, oder? So fühlt sich das an, wenn du andauernd andere Kinder schubst!« Marina weint.

Fallvignette 7

Die Fachkräfte Ingeborg und Andreas besprechen gerade, wer welche Aufgaben am Nachmittag übernimmt. Der 20 Monate alte Luis läuft mit seinem Lieblingsspielzeug, dem Holzbagger, vom Bauteppich zur Fensterbank. Dort spielt er gerne und fährt den Bagger stundenlang hin und her. Plötzlich niest er. Weil er schon einige Tage leicht erkältet ist, rinnt ihm der entzündete, gelbgrüne Nasenschleim bis über die Oberlippe. Er öffnet den Mund und will mit seiner Zunge den Schleim ablecken. Bevor es dazu kommt, ruft Andreas laut durch die Gruppe: »Oh nein, Luis, du Mausezahn, das ist ja ekelig, iiiiiiiiiih!«, greift nach einem Papiertaschentuch und putzt Luis den Kopf haltend die Nase.

Fallvignette 8

Endlich ist es so weit. Alle Kinder sitzen auf den Kissen. Der Sitzkreis kann beginnen. Für heute haben sich die pädagogischen Fachkräfte Uta und Marlene vorgenommen, dass ein Bilderbuch gezeigt wird. Schon während Marlene die erste Seite vorliest, beginnen Lukas und Ida zu hampeln. Uta ermahnt die zwei. Nach kurzer Zeit kichern die beiden erneut. Marlene stoppt beim Lesen. »Wenn ihr nicht leise sein könnt, dann ist für euch Ende. In der Schule müsst ihr auch zuhören und sitzenbleiben. Also bitte seid leise.« Lukas und Ida schauen betreten zu Boden. Marlene liest weiter. Für einige Minuten sind alle konzentriert, dann rutscht Ida auf die Knie und legt sich auf den Bauch. Lukas macht es ihr nach. Uta steht auf, nimmt die beiden am Arm und sagt: »Jetzt reicht's. So geht das hier nicht. Wer nicht zuhören kann, der braucht auch gar nicht erst dabei zu sein.« Sie fasst beide am Arm und bringt sie in den Nebenraum, legt ihnen jeweils ein Puzzle hin und sagt: »Das könnt ihr jetzt mal machen und nachdenken.« Danach geht sie zum Sitzkreis zurück und schließt dabei die Nebenraumtür. Lukas und Ida beginnen schweigend zu puzzeln.

Fallvignette 9

Es ist kurz vor 07:30 Uhr an einem kalten Wintermorgen. In der Nacht hat es wieder gefroren. Die ersten Kinder sind gemeinsam mit Juliane und Celina bereits in der Begrüßungsgruppe des Kindergartens. Plötzlich hören alle ein Kind laut im Flur weinen. Juliane geht in den Flur, um nachzusehen. Dabei erblickt sie Justus, der in seinem Buggy sitzt und weint. Seine Mutter steht dahinter. Die Fachkraft beugt sich zu Justus herunter und sagt zu ihm: »Was ist denn jetzt schon wieder los? Jetzt hör doch mal zu weinen auf!«

Fallvignette 10

Irfanek hat gerade seinen zweiten Geburtstag gefeiert. Es ist ein aufregender und anstrengender Morgen für ihn gewesen. Mittlerweile ist es 12:15 Uhr und damit Zeit zum Mittagessen. Heute gibt es Kartoffeln mit Fisch und Gemüse. Jendrik, die pädagogische Fachkraft, füttert den Jungen, der sich immer wieder die Augen vor Müdigkeit reibt. Während Jendrik kurz einem anderen Kind hilft, fallen Irfanek die Augen zu und sein Kopf neigt sich nach vorn, so dass er auf dem Teller im Essen liegt. »Och, nö, Irfanek!«, sagt Jendrik. »Nicht schon wieder! Aufwachen!« Jendrik schüttelt Irfanek an der Schulter, so dass er erwacht. »Wir essen noch. Schlafen kannst du später. Mach' mal den Mund auf!« Er piekst mit der Gabel eine Kartoffel auf und führt sie zu Irfaneks Mund. Dieser presst die Lippen aufeinander und dreht den Kopf zur Seite. Jendrik greift nach dem Kinn des Jungen, dreht das Gesicht zu sich und stößt mit der Gabel immer wieder vor die von Irfanek zusammengekniffenen Lippen. »Mach' den Mund auf!«, ermahnt Jendrik erneut. Irfanek beginnt zu schluchzen, als Jendrik ihm den Kiefer mit Zeigefinger und Daumen öffnet und die Kartoffel in den Mund einführt. Nachdem er die Gabel aus dem Mund des

Kindes gezogen hat, hält er mit der eigenen Hand den Mund des Kindes verschlossen. Dabei sagt er: »Und jetzt schön kauen.«

Fallvignette 11

Daniel, die pädagogische Fachkraft, läuft gerade von einer Besprechung mit der Einrichtungsleitung aus dem Büro durch den Flur zurück in die Gruppe. Vor ihm geht die fast dreijährige Ardea in Gedanken versunken. Mit den Fingern der rechten Hand fühlt Ardea die Struktur des Wandbelags. Sie summt. Daniel schleicht sich an, bleibt hinter ihr stehen, beginnt, sie zu kitzeln, hebt sie an und sagt: »Buuh, da hab' ich dich.« Er lacht, während Ardea erschrocken zusammenzuckt.

Fallvignette 12

Die pädagogische Fachkraft Ella steht mit ihrer Kollegin Frederike am Sandkasten. Sie unterhalten sich. Fangen spielend rennt Salia an ihnen vorbei. In den lockigen Haaren haben sich Blätter beim Spielen und Kriechen durch die Büsche verfangen. Ella greift nach Salias Arm und sagt: »Stopp! Stopp! Wie siehst du denn schon wieder aus?« Salia schaut zu ihr empor. Ella fährt mit ihrer Hand durch die Haare des Kindes und entfernt unkommentiert die Blätter. Als sie alle Blätter aus den Haaren entfernt hat, sieht sie Salia an und spricht: »Beim nächsten Mal vielleicht einfach nicht durch die Büsche. Du weißt doch, dass sich die Blätter in deiner wilden Löwenmähne verfangen. Dann muss ich die wieder rausziehen. Rennt am besten einfach auf dem Weg.« Salia nickt, dreht sich um und läuft zu den anderen Kindern davon.

Literatur- und Quellenverzeichnis

Kapitel 1

Arendt, H. (1970): Macht und Gewalt. München, Zürich: Piper.
Boll, A. & Remsperger-Kehm, R. (2021a). Verletzendes Verhalten in KiTas – Eine Explorationsstudie zu Formen, Umgangsweisen, Ursachen und Handlungserfordernissen aus der Perspektive der Fachkräfte. Opladen, Berlin, Toronto: Barbara Budrich.
Boll, A. & Remsperger-Kehm, R. (2021b). Verletzendes Verhalten von Fachkräften, Nr. 10/2021. URL: https://nbn-resolving.org/urn:nbn:de:kobv:b1533-opus-4557; https://www.KiTa-fachtexte.de/de/fachtexte-finden/verletzendes-verhalten-von-fachkra%CC%88ften. 01.10.2022.
Boll, A. & Remsperger-Kehm, R. (2021c). Schaut nicht weg! Zum Umgang mit verletzendem Verhalten in der KiTa. Frankfurt am Main: Gewerkschaft für Erziehung und Wissenschaft.
Der Paritätische Gesamtverband (2018). Arbeitshilfe Kinder- und Jugendschutz in Einrichtungen, 3. Auflage. URL: https://www.der-paritaetische.de/fileadmin/user_upload/Publikationen/doc/180415_kinder-und-jugendschutz-in-einrichtungen.pdf. 01.11.2022.
Dimitrova-Stull, A. (2014). Gewalt gegen Kinder in der EU. Wo stehen wir heute? URL: https://www.europarl.europa.eu/RegData/etudes/IDAN/2014/542139/EPRS_IDA(2014)542139_DE.pdf. 04.05.2024.
Enders, U. & Eberhardt, B. (2010). Die Bedeutung institutioneller Strukturen bei sexuellen Übergriffen unter Kindern und bei sexueller Ausbeutung durch Jugendliche und Mitarbeiter/-innen der Jugendhilfe. URL: institutioneller_strukturen-sexuelle_uebergriffe-sexueller_missbrauch.pdf (zartbitter.de). 26.08.2023.
Enders, U., Kossatz, Y., Kelkel, M. & Eberhardt, B. (2010). Zur Differenzierung zwischen Grenzverletzungen, Übergriffen und strafrechtlich relevanten Formen der Gewalt im pädagogischen Alltag. URL: https://www.praeventionbildung.dbk.de/fileadmin/redaktion/praevention/microsite/Downloads/Zartbitter_GrenzuebergriffeStraftaten.pdf. 26.08.2023.
Forst, R. (2007): Das Recht auf Rechtfertigung. Elemente einer konstruktivistischen Theorie der Gerechtigkeit. Frankfurt a.M.: Suhrkamp.

Gugel, G. (2006). Gewalt und Gewaltprävention. Grundfragen, Grundlagen, Ansätze und Handlungsfelder von Gewaltprävention und ihre Bedeutung für Entwicklungszusammenarbeit. Tübingen: Institut für Friedenspädagogik Tübingen e. V.

Knauer, R.; Hansen, R. (2010): Zum Umgang mit Macht in Kindertageseinrichtungen. Reflexion zu einem häufig verdrängten Thema. URL: https://www.partizipation-und-bildung.de/pdf/Knauer_Hansen_Macht.pdf. 20.08.2024

Largo, R. (2014): Babyjahre. München: Piper.

LWL-Landesjugendamt Westfalen, LVR-Landesjugendamt Rheinland (2020). Handreichung zum Umgang mit Meldungen gem. § 47 Satz 1 Nr. 2 SGB VIII. URL: https://www.lwl-landesjugendamt.de/media/filer_public/75/27/752716d0-3e9e-4f0a-be70-c2764a61441d/nr05_2020_anlage_KiTa_meldungen_gem__47_sgb_viii.pdf. 26.08.2023.

Maywald, J. (2020): Fehlverhalten und Gewalt durch pädagogische Fachkräfte in Kitas – Warum Wegsehen, Verschweigen und Banalisieren nicht weiterhelfen. In: Frühe Kindheit. Zeitschrift der Deutschen Liga für das Kind, 23 (1), S. 24–31

Maywald, J. & Ballmann, A. E. (2021). Gewaltfreie Pädagogik in der Kita. Basiswissen, Fallbeispiele, Reflexionsfragen und Checklisten für Team- und Elternarbeit. 2. Auflage. München: Don Bosco.

Ming -Te Wang et al. (2014). Longitudinal links between fathers' and mothers' harsh verbal discipline and adolescents' conduct problems and depressive symptoms. Hrsg. Child Development. URL: https://www.ncbi.nlm.nih.gov/pubmed/24001259. 26.08.2023.

Pfeiffer, C., Wetzels, P. & Enzmann, D. (1999). Innerfamiliäre Gewalt gegen Kinder und Jugendliche und ihre Auswirkungen (Forschungsberichte Nr. 80). Hannover: Kriminologisches Forschungsinstitut Niedersachsen e.V. URL: https://kfn.de/wp-content/uploads/Forschungsberichte/FB_80.pdf. 31.10.2022.

Prengel, A. (2019). Pädagogische Beziehungen zwischen Anerkennung, Verletzung und Ambivalenz. 2. überarbeitete Auflage. Opladen, Berlin, Toronto: Barbara Budrich.

Quarks & Co Film: Darum solltest du dein Kind nicht anschreien (Video vom 22.09.2020). URL: https://www.facebook.com/quarks.de/videos/darum-solltest-du-dein-kind-nicht-anschreien/130614341628952/. 26.08.2023.

Rosenberg, M. B. (2013). Gewaltfreie Kommunikation. Eine Sprache des Lebens. Paderborn: Junfermann.

Schubert, K. & Klein, M. (2020). Das Politiklexikon. 7., aktualisierte und erweiterte Auflage, Bonn, Bundeszentrale für politische Bildung. URL: https://www.bpb.de/system/files/dokument_pdf/Schubert,%20Klein%20-%20Das%20Politiklexikon.pdf. 26.08.2023.

Stadt Dortmund FABIDO (2021). FABIDO (be-)schützt! Kinderschutz durch Achtsamkeit im pädagogischen Alltag. URL: https://www.dortmund.de/media/p/fabido/dl_fabido/HR_FABIDO_be_schuetzt_21_Ansicht.pdf. 29.10.2022.

Kapitel 2

Alle, F. (2012). Kindeswohlgefährdung. Das Praxishandbuch. 2. Auflage. Freiburg im Breisgau: Lambertus.

Braches-Chyrek, R. (2014). Kinderrechte. In: Braches-Chyrek, R., Röhner, C., Sünker, H. & Hopf, M. (Hrsg.) (2014): Handbuch Frühe Kindheit. Opladen, Berlin, Toronto: Barbara Budrich. S. 419–428.

Bullinger, M. (2009). Wohlbefinden von Kindern und Jugendlichen. Forschungsstand und konzeptueller Hintergrund. In: Zeitschrift für Gesundheitspsychologie, 17 (2). S. 50–55.

Correia, N., Carvalho, H., Fialho, M. & Aguiar, C. (2020). Settings: some critical issues in a Norwegian context. URL: https://reader.elsevier.com/reader/sd/pii/S0190740919308655?token=D372AFE607197D327C75B833E9C7BED196C63A020565C55060D57F93F28BD0B7E952B4D797A8CA6CA167A76EF97DE3EE. 24.06.2020.

Emilson, A. & Folkesson, A. (2006). Children's participation and teacher control. Early Child Development and Care. URL: https://www.academia.edu/21014363/Childrens_participation_and_teacher_control.16.04.2022.

Epping, D. & Luthardt, J. (2021). Institutioneller Kinderschutz in Krippe und KiTa als Gelingensfaktor für Partizipation im pädagogischen Alltag. In: Eichen, L. & Pölzl-Stefanec, E. (Hrsg.): ElFo. Elementarpädagogische Forschungsbeiträge, 3 (2021), H. 1. S. 21–31. URL: https://unipub.uni-graz.at/download/pdf/6231021. 09.05.2022.

Grenner, K. & Dittrich, I. (2015). Partizipation. In: Dittrich, I. & Botzum, E. (Hrsg.) (2015): Lexikon KiTa-Management. Köln/Kronach: Wolters Kluwer. S. 455–457.

Hundt, M. (2014). Kindeswohlgefährdung erkennen und vermeiden. Rechtliche Grundlagen für die Praxis. Köln, Kronach: Carl Link.

Kangas, J. (2016). Enhancing children's participation in early childhood education through the participatory pedagogy. (Academic dissertation). URL: https://www.researchgate.net/publication/289326475_Enhancing_children%27s_participation_in_early_childhood_education_through_the_participatory_pedagogy. 08.06.2020.

Maywald, J. (2013). Kinderschutz in der KiTa. Ein praktischer Leitfaden für Erzieherinnen und Erzieher. Freiburg, Basel, Wien: Herder.

Meisen, S. (Hrsg.) (2017). Informationen zur UN-Kinderrechtskonvention. URL: https://www.kinderrechtskonvention.info/. 11.05.2022.

Parlament der Europäischen Union (2000). Charta der Grundrechte der Europäischen Union. Artikel 24. Rechte des Kindes. In: Amtsblatt der Europäischen Gemeinschaft. URL: https://www.europarl.europa.eu/charter/pdf/text_de.pdf?msclkid=4632658cd14f11ec9506a0cc719c00c9. 11.05.2022.

Sheridan, S. & Pramling-Samuelsson, I. (2001). Children's Conceptions of Participation and Influence in Pre-school: a perspective on pedagogical quality. DOI: 10.2304/ciec.2001.2.2.4.

Venninen, T. & Leinonen, J. (2012). Devloping Children's Partizipation through research & reflective practices. URL: https://www.semanticscholar.org/paper/Developing-Children%C2%B4s-Participation-through-and-Tuulikki-Jonna/a43 0e0d571461c676557dacaa77ef40271b1eb34. 10.06.2020.

Zitelmann, M. (2014). Kindeswohl und Kindeswille. In: Braches-Chyrek, R., Röhner, C., Sünker, H. & Hopf, M. (Hrsg.): Handbuch Frühe Kindheit. Opladen, Berlin, Toronto: Barbara Budrich. S. 429–439.

Kapitel 3

Deutscher Berufsverband für Soziale Arbeit e.V. (2014). Berufsethik des DBSH – Ethik und Werte. In: Forum Sozial, 4/2014.

Early Childhood Australia (2005). Code of Ethics. Revised 2005. URL: https://www.naeyc.org/sites/default/files/globally-shared/downloads/PDFs/resources/position-statements/Ethics%20Position%20Statement2011_09202013update.pdf. 25.08.2024.

Kapitel 4

Botsoglou, K., Beazidou, E., Kougioumtzidou, E. & Vlachou, M. (2017). Listening to children: Using the ECERS-S and Mosaic approach to improve learning enviroments: a case study. Early Childhood Development and Care, 189 (4), S. 438–488.

Bundesarbeitsgemeinschaft der Landesjugendämter (2013). Sicherung von Rechten der Kinder als Qualitätsmerkmal von Kindertageseinrichtungen. Eisenach.

Bundesministerium der Justiz (1990). § 45 Erlaubnis für den Betrieb einer Einrichtung. Sozialgesetzbuch (SGB) – Achtes Buch (VIII) – Kinder- und Jugendhilfe. URL: https://www.gesetze-im-internet.de/sgb_8/__45.html. 19.12.2023.

Bullinger, M. (2009). Wohlbefinden von Kindern und Jugendlichen. Forschungsstand und konzeptueller Hintergrund. In: Zeitschrift für Gesundheitspsychologie, 17 (2), S. 50–55.

Eberlein, N. & Schelle, R. (2018). Aspekte kindlichen Wohlbefindens als Indikator für pädagogische Qualität? Eine Dokumentenanalyse von Qualitätsmessinstrumenten für den frühpädagogischen Bereich. In: Journal of Childhood and Adolscence Research, 13 (4), S. 387–402.

Epping, D. & Barta, M. (2022). Partizipationsanlässe als Lernprozesse – Beteiligung der Kinder im pädagogischen Alltag. In. KITAaktuell. Hürth. Wolters Kluwer Verlag.

Epping, D. & Luthardt, J. (2021). Institutioneller Kinderschutz in Krippe und KiTa als Gelingensfaktor für Partizipation im pädagogischen Alltag. In: ElFo – Elementarpädagogische Forschungsbeiträge, 3 (1), S. 21–31. DOI: 10.25364/18.3:2021.1.2.

Hansen, R. & Knauer, R. (2016). Beschwerdeverfahren für Kinder in Kindertageseinrichtungen. Annäherungen an Standards für die Umsetzung des § 45 SBG VIII. In: Knauer, R.& Sturzenhecker, B. (Hrsg.): Demokratische Partizipation von Kindern (S. 47–73). Weinheim, Basel: Beltz Juventa.

Hermann, B., Dettmeyer, R., Banaschak, S. & Thyen, U. (2016). Kindesmisshandlung. Medizinische Diagnostik, Intervention und rechtliche Grundlagen. Berlin & Heidelberg. Springer.

Hildebrandt. F., Walter-Laager, C., Flöter, M. & Pergande, Bianka (2021). Abschlussbericht zur Studie BiKA (Beteiligung von Kindern im KiTa-Alltag). URL: https://www.pina-research.de/content/3-forschung/2-publikationen/bika_abschlussbe richt.pdf. 10.05.2021.

Libiseller, A., Barta, M., Bempreiksz-Luthardt, J. & Lassotta, R. & Röhmel, L. & Walter-Laager, C. (2023). Interaktionserfahrungen von Kindern im Kindergarten. Erste Ergebnisse einer qualitativen Studie zur Erfassung der Kinderperspektiven mit dem Instrument GrazIASKinderperspektive. DOI: 10.25364/18.5:2023.1.2.

Maywald, J. (2008). Partnerschaft und Familienleben im 21. Jahrhundert (Informationsrundschreiben zur Jahrestagung, 40). München: Deutsche Arbeitsgemeinschaft für Jugend- und Eheberatung e.V.

Maywald, J. (2019). Gewalt durch pädagogische Fachkräfte verhindern. Die KiTas als sicherer Ort für Kinder. Freiburg im Breisgau. Herder.

Nentwig-Gesemann, I., Walther, B., Bakels, E. & Munk, L.-M. (2021). Kinder als Akteure in der Qualitätsentwicklung und Forschung. Eine rekonstruktive Studie zu KiTa-Qualität aus der Perspektive von Kindern. Gütersloh. Bertelsmann Stiftung.

Pölzl-Stefanec, E. & Epping, D. (2023). Die Macht der Beteiligung. Die Haltung der pädagogischen Fachkräfte zählt. In: KrippenKinder. Praxiswissen für den U3-Alltag, (1), S. 10–14.

Schubert-Suffrian, F. & Regner, M. (2014). Beschwerdeverfahren für Kinder. kindergarten heute – praxis kompakt. Freiburg: Herder.

Urban-Stahl, U. (2013). Beschweren erlaubt! 10 Empfehlungen zur Implementierung von Beschwerdeverfahren in Einrichtungen der Kinder- und Jugendhilfe. Handreichung aus dem Forschungsprojekt »Bedingungen der Implementierung für von Beschwerdeverfahren in Einrichtungen der Kinder- und Jugendhilfe (BIBEK)«. Freie Universität Berlin.

Walter-Laager, C., Pölzl-Stefanec, E., Gimplinger, C., Mittischek, L. (2018). Gute Qualität in der Bildung und Betreuung von Kleinstkindern sichtbar machen. Arbeitsmaterial für Aus-, Fort- und Weiterbildungen, Teamsitzungen und Elternabende. Graz: Karl-Franzens-Universität. URL: https://static.uni-graz.at/filead min/projekte/krippenqualitaet/Begleitheft_GQSM_Gute_Qualitaet_sichtbar_ma chen.pdf. 08.06.2020.

Zitelmann, M. (2014): Kindeswohl und Kindeswille. In: Braches-Chyrek, R., Röhner, C., Sünker, H. & Hopf, M. (Hrsg.): Handbuch Frühe Kindheit (S. 429–439). Opladen, Berlin, Toronto: Verlag Barbara Budrich.

Kapitel 5

Epping, D. & Luthardt, J. (2021). Institutioneller Kinderschutz in Krippe und KiTa als Gelingensfaktor für Partizipation im pädagogischen Alltag. In: ElFo. Elementarpädagogische Forschungsbeiträge, 3 (2021), H. 1. S. 21–31. URL: https://unipub.uni-graz.at/download/pdf/6231021. 26.08.2023.
Farrenberg, D. (2018). RegierungsSpielRäume. Eine Ethnographie über Praktiken der Herstellung des Kindergartenkindes. Dissertation. Universität Vechta.
Foucault, M. (2017). Analytik der Macht. 7. Auflage. Frankfurt am Main: Suhrkamp.
Hansen, R. & Knauer, R. (2016). Kinderschutz braucht eine »konstitutionelle Pädagogik«. In: KITA-MANAGEMENT. Partizipation und Kinderschutz, (9), S. 176–178.
Hildebrandt, F., Walter-Laager, C., Flöter, M. & Pergande, B. (2021). Abschlussbericht zur Studie BiKA (Beteiligung von Kindern im KiTa-Alltag). URL: https://www.pina-research.de/content/3-forschung/2publikationen/bika_abschlussbericht.pdf. 26.08.2023
Maywald, J. (2017). Machtausübung in pädagogischen Beziehungen. Kinderrechte sind Schutz vor Machtmissbrauch. In: Vogt, H. & Hauser, J. (Hrsg.): TPS. Theorie und Praxis in der Sozialpädagogik. Bildung und Macht, (4), S. 6–9.
Pfiffner, M. & Walter-Laager, C. (2017). Zwischenmenschliche Beziehungen ... sind von Geburt an lebenswichtig. In: Walter-Laager, C.; Pfiffner, M. & Fasseing-Heim, K. (Hrsg.): Beziehungen in der Kindheit. Soziales Lernen in frühpädagogischen Einrichtungen. Bern: hep.
Pölzl-Stefanec, E. & Geißler, C. (2020). Partizipative Praxis in Krippen ermöglichen. Haltungen und Einstellungen des pädagogischen Fachpersonals. Frühe Bildung, 9 (1), S. 9–17.
Prengel, A. (2016). Bildungsteilhabe und Partizipation in Kindertageseinrichtungen. WiFF Expertisen Band 47. München: Weiterbildungsinitiative Frühpädagogische Fachkräfte.
Sturzenhecker, B., Knauer, R., Richter, E. & Rehmann, Y. (2010). Partizipation in der KiTa – Evaluation demokratischer Praxis mit Vorschulkindern – Abschlussbericht. URL: https://www.partizipation-und-bildung.de/wp-content/uploads/2013/08/Sturzenhecker-et-al_Evaluation-Detmold.pdf. 19.06.2020.
Walter-Laager, C., Pölzl-Stefanec, E., Gimplinger, C. & Mittischek, L. (2018). Gute Qualität in der Bildung und Betreuung von Kleinstkindern sichtbar machen. Arbeitsmaterial für Aus-, Fort- und Weiterbildungen, Teamsitzungen und Elternabende. Graz: Karl-Franzens-Universität. URL: https://static.uni-graz.at/fileadmin/projekte/krippenqualitaet/Begleitheft_GQSM_Gute_Qualitaet_sichtbar_machen.pdf. 08.06.2020
Wolf, K. (2016). Zur Notwendigkeit des Machtüberhangs in der Erziehung. In: Kraus, B. & Krieger, W. (Hrsg.): Macht in der Sozialen Arbeit. Interaktionsverhältnisse zwischen Kontrolle, Partizipation und Freisetzung. (S. 173–213). Lage: Jacobs Verlag.

Wolff, M. (2015). Heimerziehung und Gewalt. Einrichtungen als vulnerable Lebensorte für Kinder und Jugendliche. In: Andresen, S., Koch, C. & König, J. (Hrsg.): Vulnerable Kinder. Interdisziplinäre Annäherungen. Wiesbaden: Springer VS.

Kapitel 6

Brauckmann-Sajkiewicz, S. & Roschk, H. (2019). Beschwerdemanagement in Schulen – eine lohnende Aufgabe für die Leitung? In: Schulverwaltung aktuell Österreich, 1. URL: https://www.researchgate.net/publication/330564130. 28.10.2022.

Hansen, R., & Knauer, R. (2016). Beschwerdeverfahren für Kinder in Kindertageseinrichtungen. Annäherungen an Standards für die Umsetzung des § 45 SBG VIII. In: Knauer, R. & Sturzenhecker, B. (Hrsg.): Demokratische Partizipation von Kindern (S. 47–73). Weinheim, Basel: Beltz Juventa.

Herrmann, K. (2015). Leitung von KiTas. WiFF-Expertise Nr. 39. URL: https://www.nifbe.de/index.php/fachbeitraege-von-a-z?view=item&id=505. 03.11.2022.

Jann, N. (2014). Beschwerdeverfahren in Einrichtungen der Kinder- und Jugendhilfe und ihre Bedeutung für die Arbeit an der Qualität pädagogischer Beziehungen. In: Prengel, A. & Winklhofer, U. (Hrsg.): Kinderrechte in pädagogischen Beziehungen. Band 1: Praxiszugänge (S. 187–199). Berlin, Toronto: Barbara Budrich.

Maywald, J. (2019). Kinderrechte als normative Grundlage für Teilhabe in der frühen Bildung. In: Correll, L. & Lepperhoff, J. (Hrsg.): Teilhabe durch frühe Bildung. Strategien in Familienbildung und Kindertageseinrichtung (S. 61–73). Weinheim, Basel: Beltz Juventa.

Maywald, J. (2013). Kinderschutz als Leitungsverantwortung. Wichtige Informationen und Erläuterungen für ein Kinderschutzkonzept. In: kindergarten heute – Das Leitungsheft, 1–2013, S. 4–9.

Pleye, M. (2022). Leitbild. Definition Leitbild. URL: https://definition-online.de/leitbild/. 16.08.2022.

Schubert-Suffrian, F., & Regner M. (2014). Beschwerdeverfahren für Kinder. kindergarten heute – praxis kompakt. Freiburg: Verlag Herder.

Troalic, J. & Leitner, H. (2015). Kinderschutz in der KiTa. Zwischen gesetzlichem Auftrag und der Praxis. URL: https://www.nifbe.de/component/themensammlung?view=item&id=524&showall=1&start=0. 03.11.2022.

Urban-Stahl, U. (2013). Beschweren erlaubt! 10 Empfehlungen zur Implementierung von Beschwerdeverfahren in Einrichtungen der Kinder- und Jugendhilfe. Handreichung aus dem Forschungsprojekt »Bedingungen der Implementierung für von Beschwerdeverfahren in Einrichtungen der Kinder- und Jugendhilfe (BIBEK)«. Freie Universität Berlin.

Anhang

Kapitel 7

Nürnberger Menschenrechtszentrum I NMRZ (o. J.): Übung: »Ein Schritt nach vorn«. URL: http://www.diskriminierung.menschenrechte.org/wp-content/uploads/2010/12/schrittnachvorn.pdf. 21.08.2024.

Vogel, U. (Hrsg.) (2022): Was ist der Wertekompass? Wie finde ich meinen? URL: https://profilingvalues.com/allgemein/was-ist-der-wertekompass-wie-finde-ich-meinen/. 23.08.2024.

Walter-Laager, C., Hanisch, A., Lasson, A. & Lassotta, R. (Hrsg.) (2020): Methodensammlung. Frühe Bildung: Gleiche Chancen. Bundesprogramm Sprach-Kitas. Weil Sprache der Schlüssel zur Welt ist. URL: https://oer-portal.uni-graz.at/edu-sharing/components/render/ba042419-0be1-4eb1-87f3-06f7d9edb945?query=meinungsbarometer&parameters=%7B%22cclom:general_keyword%22:%5B%5D%7D&repositoryFilter=oer-portal.uni-graz.at&mds=mds&mdsExtended=false&sidenav=false&materialsSortBy=cm:modified&materialsSortAscending=false&viewType=1. 25.08.2024.